目次

第Ⅱ部 近世村社会と入寺の諸相

はじめに

江戸時代の駆込寺《かけこみでら》といえば、縁切寺《えんきりでら》として著名な相模《さがみ》国鎌倉の東慶寺《とうけいじ》、および上野《こうずけ》国新田《にった》郡徳川郷の満徳寺《まんとくじ》が想起されよう。いうまでもなく、この両寺に女性が駆け込むことによって離縁を実現できたのであり、幕府公認の縁切寺であった。では、駆込寺とは東慶寺と満徳寺のみであったのか。また、寺院への駆込の目的は離縁の実現のためだけであったのか。

実は、東慶寺・満徳寺以外にも、村の寺院に駆け込んで離縁を実現した場合もあり、離縁以外の理由による駆込も数多みられたのである。すなわち、江戸時代を通じ、さまざまな目的で、各地の寺院への駆込がみられたのであり、村や町の寺院はすべて駆込寺であったといえるのである。また、駆込行為を示す言葉もさまざまで、「入寺《にゅうじ》」が最も多いが、次いで「寺入《てらいり》」「欠入《かけいり》・駆入」「欠込《かけこみ》・駆込」が広く用いられ、他にも「入院」「走込《はしりこみ》」「山林《さんりん》」「寺領」等々、地域や時期により多様な呼称が知られる。

こうした江戸時代における寺院への駆込行為（以下、「入寺」に代表させる）については、すでに拙著『駆込寺と村社会』（吉川弘文館、二〇〇六年、以下前著という）にて、全国的な事例の収集をもとに検討したところであるが、そこでは入寺について、⑴謝罪・謹慎の意思表示としての入寺、⑵処罰・制裁としての入寺、⑶救済・調停手段としての入寺、という三点の機能・性格を指摘した。まずは、この三点の内容を簡単に紹介し、江戸時代の入寺について確認しておきたい。

(1)　謝罪・謹慎の意思表示としての入寺

不法・違法・不行跡《ふぎょうせき》な行為を犯した当人が、非を認めて寺院に駆け込み、寺院や関係者を仲介として謝罪する行為が入寺であり、村や町における紛争解決・平和回復のための作法のひとつである。自発的に入寺して謝罪・謹慎の意を表すことにより、領主への告発や村の制裁を回避し、すでに告発・告訴された場合にも、訴えの取り下げや吟味《ぎんみ》の中止により処罰・制裁を回避・軽減することができた。すなわち、村（町）社会における〈詫《わ》びの作法〉としての入寺である。幕府の紛争処理をめぐる基本方針は内済《ないさい》であり、そのなかに入寺が組み込まれていたといえるのである。換言すれば、内済原則と連動した入寺であり、史料上には「入寺詫言《わびごと》」「入寺訴訟」という表現がみられる。

(2)　処罰・制裁としての入寺

自発的になされる入寺である(1)に対し、強制された入寺があった。これが処罰・制裁としての入寺であり、村の罰則・制裁として機能した場合と、領主法のなかに組み込まれた場合とがある。前者には村法として明文化された場合もみられ、後者には法定刑として規定されていた場合と法定刑の代替措置の場合とがあった。また、後者に関連して、藩主家の菩提寺《ぼだいじ》やその他の寺院が、罪人の赦免歎願《しゃめんたんがん》に携わることが制度化されていた藩も少なからず存在した。

領主法のなかに組み込まれた入寺のなかで、最も事例が多いのは出火に対する刑罰としての入寺＝火元《ひもと》入寺である。これは、出火の責任を取り火元が一定日数入寺するものであり、幕領では元禄《げんろく》年間に火元入寺の早い事例が知られる。ただし、幕府は出火に対する刑罰としては押込《おしこめ》を基本とし、入寺は押込の代替措置であった。一方、盛岡藩・三春《みはる》藩・二本松藩・田野口《たのくち》藩・高島藩・鯖江《さばえ》藩・高鍋《たかなべ》藩・延岡《のべおか》藩などの諸藩では、慶安《けいあん》〜寛文《かんぶん》期までに処罰としての入寺がみられ、会津《あいづ》藩・八戸《はちのへ》藩・秋田藩・松本藩・田原《たはら》藩・津山藩などでも、処罰またはその代替措置としての入寺が知られる。さらに、藩法による入寺日数規定が判明する藩として、高崎藩・松代《まつしろ》藩・仙台藩・庄内《しょうない》藩がある。

(3) 救済・調停手段としての入寺

この機能には、まずは冒頭で言及した離縁を実現するための入寺が挙げられるが、逆に結婚を実現するために入寺した事例もある。一般的には、不利益（不当な扱い・嫌疑）を受けた者が保護・救済を求めての入寺であり、紛争の調停を求めての入寺である。百姓一揆《ひゃくしょういっき》や村方騒動《むらかたそうどう》の首謀者・参加者の入寺もみられ、これには首謀者や参加者の処罰回避を目的とする場合と、要求を通すための戦術としての意味も指摘できる。また、被処罰者・被拘束者の赦免を求めて、組合や親類の者などが寺院に駆け込み「御慈悲《ごじひ》」を願う入寺もある。さらに、まさに処刑されようとしている罪人に対し、僧侶が「袈裟《けさ》をかける」「衣をかける」という行為も、厳密には入寺ではないかも知れないが、寺院（僧侶）による救済行為として位置づけられる。こうした寺院の救済行為のなかには、入寺を伴わない赦免歎願（寺訴訟）も多くみられた。

江戸時代において、右の三つの機能を有していた入寺であるが、これが中世におけるアジールの流れを汲《く》み、近世的に変容した姿であることを前著では指摘した。そして、前著の「あとがき」において「入寺の三つの機能・性格は、アジールの最盛期といわれる戦国期には発生していたのではないかとも考えているが、今後の課題である」と述べた。本書では、とりわけ第一部において、この点の検討を主要な課題とする。さらに、近世社会における入寺の理解をさらに深めるために、第二部として前著刊行後に取り組んだ成果をまとめる。

〔第一部〕第一章では、従来のアジール研究を再確認するとともに、近年の研究動向も取り入れて、特に戦国期から近世初期にかけてのアジールの変容と近世駆込寺の形成過程を跡づける。第二章では、東海地方にみられた「山《さん》林《りん》」という言葉に着目して、戦国期およびそこからさらに遡《さかのぼ》って、アジールの変容過程を追究する。第三章では、視点を変えて神社・神主方への駆込を取り上げる。神社・神主方への駆込がみられたことは前著でも簡単に触れたが、本章では特に神社・神主方への駆込に絞り、戦国期から近世初期にかけての神社アジールの変容について検討する。また、駆込行為と宗教者の関わりについても言及する。付論では、中世のアジールの在り方に関わって注目された「篠《ささ》（笹）を引く」「篠（笹）引」という言葉に注目し、その意味の近世的変容を明らかにする。

〔第二部〕第一章では、前著では十分に取り込めなかった村のおける出火処理の問題を、出火処理手続きに関わる史料論を加味して検討する。第二章では、陸奥国《むつ》守山藩《もりやま》を対象として、「入寺」と「欠入」との原理的な相違について明らかにする。守山藩の入寺に関しては、つとに阿部善雄氏、近年では成松佐恵子氏らによる「守山藩御用留帳」を用いた分析があるが（阿部　一九六五年、成松　二〇〇六年）、本章では年代を限定して詳細に追究する。第三章では、上野国館林《たてばやし》藩の場合を対象に、藩主の交替が目まぐるしかった同藩での入寺の在り方をみる。併せて、入寺の「場」と「人」の関係についても言及する。第四章では、成田山新勝寺《しんしょうじ》の場合を取り上げて、寺院の側からの寺訴訟の在り方を垣間見ることにする。付論では、蝦夷地《えぞち》松前藩の入寺と寺訴訟を紹介する。前著では、北は陸奥国から南は薩摩《さつま》国・琉球《りゅうきゅう》にいたる入寺の事例を一覧表にして示した。しかし、蝦夷地の事例は挙げられなかったが、松前《まつまえ》藩においても火元入寺や寺訴訟が行なわれていたことが判明した。

かくして、第一部では近世において入寺の三つの機能が形成された背景を、中近世移行期におけるアジールの変容過程として捉える。第二部では、近世村社会における入寺の諸側面を、いくつかの地域の具体的な事例から照射することによって、入寺の在り方をさらに多面的に明らめることを課題としたい。

第I部

近世駆込寺の形成過程

第一章　アジールの変容と駆込寺

1　日本におけるアジールの盛衰

全国的にみられた江戸時代の入寺《にゆうじ》であるが、寺院への駆込《かけこみ》は江戸時代以前にもみられた。それは、アジールとしての寺院への駆込である。アジールとは、「世俗の権力から独立して、社会的な避難所としての特権を確保し、あるいは保証される場所」であり、「世俗におけるいかなる犯罪人もひとたびこの領域に入りこむならば、たとえ主人であっても手を出すことはできない」場所といわれ（福田アジオ他編『日本民俗大辞典』上、吉川弘文館、一九九九年、二〇～二一頁）、世界各地の前近代社会に広くみられた。アジールは寺院ばかりではなかったが、日本においてアジールとして最も一般的だったのが寺院である。日本におけるアジールに関しては、平泉澄・田中久夫・伊東多三郎・網野善彦といった各氏の研究があるが（平泉 一九二六年、田中 一九四〇年、伊東 一九六〇年、網野 一九七八年。以下、各氏の所説の引用は、これらの論著による）、それらをまとめれば次のようになろう。

＊鎌倉後期頃からアジールともいうべき現象が現れ始め、室町～戦国期に至ってほぼ完成した姿を示す。（網野氏）

＊戦国期はアジールの最盛期である。一方で、いわば治外法権の場であるアジールは、領国支配の貫徹を図る戦国

大名によって制限・否定され、近世統一政権である豊臣政権・徳川幕府の成立を経て衰退・消滅した。（平泉氏・田中氏・伊東氏）

＊中世後期から近世にかけては、国家権力による「無縁」の原理の取り込みが進行し、アジールの衰退・終末段階である。（網野氏）

田中久夫氏は戦国期におけるアジール否定の史料として、伊達氏・相良氏・長尾氏・北条氏・結城氏・田村氏・島津氏の事例を列挙し、網野善彦氏も若狭《わかさ》武田氏・安房《あわ》里見氏の事例を加えている。そして、統一権力が形成される織豊《しょくほう》期には、元亀《げんき》二年（一五七一）の織田信長による高野山焼き討ち、天正《てんしょう》十三年（一五八五）の高野山への豊臣秀吉の朱印状《しゅいんじょう》交付（「対天下成御敵謀叛反悪逆人を寺中に被抱置事、不謂儀歟」との文言を持つ）など、アジールが否定されてゆく。

江戸幕府を開いた徳川氏も、アジール否定の方針を引き継ぎ、主に伊東多三郎氏の検討によれば、大坂の陣に際し高野山といえども落人《おちゅうど》の庇護《ひご》隠匿《いんとく》を許さず、高野山以下畿内諸大寺の庇護権は全く否定されたという。そして、寛永《かんえい》三年（一六二六）の盧山寺《ろざんじ》法度《はっと》に「背天下法度族、寺内不可隠置」とあるのを始めとして個別に寺院アジールの否定が進み、寛文《かんぶん》五年（一六六五）の諸宗寺院《しょしゅうじいん》法度によって「背国法輩到来之節、於其届、無異儀可返事」と、諸宗寺院を対象にアジールの否定が示された。また、津《つ》藩・長州《ちょうしゅう》藩・米沢《よねざわ》藩・岡山藩などでもアジール禁止の方針が示されている。前著でも会津《あいづ》藩の場合を検討した（二二五頁〜）。

こうして、近世においてアジールは否定され、「かくてアジールは中世と共に起り、中世と共に亡びた」「東慶満徳両寺のこのアジールは、近世に於ける特例異彩である」（平泉氏）、「かくして（走入は）東慶寺・満徳寺などの特殊な例外を除き、全く認められぬやうになる」（田中氏）、「庶民の走入の事例は民衆生活史上興味深いが、未だ史料の上では見当たらない。併し失脚者・亡命者・被迫害者等の走入も法制・秩序が整い平和が続くにしたがってその必要がなくなり、且つ寺院の治外法権性が弱くなったのでおのずから減少したのであろう」（伊東氏）、「アジールの第三段階、その衰退、「終末」の段階の開始でもあった。…中世後期から近世が、まさしくこの時期に相当するであろう」（網野氏）などといわれている。

しかし、江戸時代においても寺院への駆込（入寺）が広範に展開していたことを考えれば、右の各氏の評価は適当であろうか。中世・戦国期のアジールと、江戸時代の入寺との関係性を改めて考える必要があろう。

2　アジールの変容と入寺

アジールの基本が救済機能にあるとすれば、前述した近世駆込寺の三つの機能のうち(3)は、アジールの機能を引き継いだものとして位置付けられようが、(1)・(2)の機能との関係はどうなるのであろうか。中世の寺院アジールと江戸時代の駆込寺との関連を検討してみたい。

(一)　アジールの否定と処罰機能への変容

アジールの処罰機能への変容については、戦国期から近世初期のアジール否定の動向のなかで、天正十八年（一五九〇）の豊臣秀吉の命令による北条氏直の高野山入り、慶長《けいちょう》五年（一六〇〇）の徳川家康の命令による織田秀信・増田長盛・真田昌幸・同信繁らの高野山入りなどを事例に、平泉澄氏が「近世の初めにアジールの禁止せらるるや、この風習は変化して一種の刑罰となり、もしくは謝罪の一形式となった」と指摘している。

江戸時代に入ると、幕府は慶長十五年（一六一〇）四月に「両　御所様　被背御意候関東衆」については高野山・吉野《よしの》山《やま》・多武峰《とうのみね》・勢州朝熊《せいしゅうあさま》に、「両　上様被背御意候上方衆」については日光山《にっこうさん》・房州清澄寺《ぼうしゅうせいちょうじ》・筑波《つくば》山《さん》知足院《ちそくいん》・足利鑁阿寺《ばんなじ》へ「指《さし》（差）置《おく》」ことを命じた年寄奉書（「御当家令條」巻十二―一二七号、石井良助校訂『近世法制史料叢書』第二、創文社）を発している。また、諸藩に目を向けると、秋田藩では罪人の「在寺」が制度化されていた。例えば「梅津政景日記」の元和《げんな》元年（一六一五）十一月八日条に、

一夜ニ入候而、御城へ罷出候へハ、前小屋右馬助大坂ゟ御意ニそむき、宝きやう院ニ罷在候、（中略）ほうきやういん御返事ニハ、本ゟふとゝきにて在寺人ノ事ニ候間、門前にて御せんさくなしおかれ候様ニと被仰候、

（東京大学史料編纂所編纂『大日本古記録　梅津政景日記』二、岩波書店、二一四頁）

と、御意に背いた右馬助が、「在寺人《ざいじにん》」として宝鏡院に在寺している記事がある。後掲表1―(2)のNo.18〜32は、右の事例も含む秋田藩の元和〜寛永期の入寺一覧であるが、「在寺」による処罰が多くみられる。秋田藩では罪人を、藩主佐竹氏の菩提所である天徳寺、祈願所である宝鏡院に「在寺」させ、両寺院による「詫言《わびごと》」（歎願《たんがん》）によって赦免《しゃめん》するという仕組みになっていたのである。同藩では、元禄《げんろく》十三年（一七〇〇）に改易《かいえき》を命じられた地形代官一〇名が、「天徳寺入寺、数年御訴訟ニ付、今日（宝永二年二月十四日）被　召出候」（『秋田市歴史叢書1　平沢通有日記』1、七四頁）と、天徳寺に「入寺」し、同寺の歎願で再出仕となったことや、宝永《ほうえい》五年（一七〇八）十一月十七日より天徳寺で行なわれた法事の際に、「於山門、囚人拾四人御免ニ而、出籠被　仰渡候」（同2、五六〜五七頁）と、囚人《しゅうじん》の赦免があったことも知られる。

前著では、秋田藩をはじめ会津藩・田原《たはら》藩・薩摩《さつま》藩および琉球《りゅうきゅう》等について刑罰としての入寺を検討するとともに、寺院による罪人赦免歎願制度がみられた藩として庄内《しょうない》藩・沼田藩・津山藩・延岡《のべおか》藩・中津藩等があり、赦免歎願を藩

主菩提寺《ぼだいじ》によるものとするのは、右の秋田藩のほか八戸《はちのへ》藩・盛岡藩・磐城平《いわきたいら》藩・長岡藩・苗木《なえぎ》藩・鳥取藩等であったことを明らかにしたが（七三頁〜、および二四〇頁〜）、本書第二部付論で紹介する松前藩も、藩主菩提寺による赦免歎願が制度化されていた事例に加えられる。

こうした背景には、「戦国時代に下人・科人の走入が認められていた寺院は、その多くが戦国大名の菩提寺という性格を持っていたのではないだろうか」「戦国大名自身は、縁切寺の特権をできる限り否定しようとしていた。ゆえに、自らの祈願所とすることによって統制下におこうとした」と網野氏が指摘するような流れも考えられよう。

こうして近世統一政権の下で、寺院による赦免歎願制とともに、領主法のなかに入寺が刑罰として取り込まれたのであり、森嘉兵衛氏は、東北諸藩の事例から「中世的寺入のアジール的性格を免罪的なものに切替えた」と述べている（森　一九六九年）。多くの藩が出火に対する処罰として取り入れ、幕府も法定刑の代替措置として位置づけていた火元《ひもと》入寺もそのひとつといえる。

(二)　村の内済原則と連動した入寺へ

次に、入寺の(1)の機能との関係をみてみよう。表1-(1)・(2)は、前著で紹介した入寺の諸事例に、その後収集した事例四件（本章末に掲示した〔1〕〜〔4〕の史料）を加えて、寛永期までに限って表示したものである。表1—(2)は、前項でも言及した秋田藩の「在寺人」の事例であるが、多くは処罰あるいは謝罪のための入寺となっているとともに、それらはほとんど武家に関わるものであることが指摘できる。表1-(1)の事例においても、武家の入寺が多くみられる。すなわち、慶長〜寛永期の事例の多くは、村（町）における入寺とは性格が異なるのであり、謝罪のための入寺であっても、(1)の機能の特徴である内済《ないさい》原則と連動したものではないのである。

表 1-(1)　初期の入寺一覧（全国）

No.	年　　代	国郡村名	所領	入寺理由	入寺人	入寺類型	典拠
1	慶長14.正.15	三河国 吉良		追討逃れ	目安差出人	救済？	
2	慶長14. 9. 1	江戸		家臣の喧嘩殺傷	主人	謝罪	
3	元和年中	武蔵国 新座郡舘村	幕　領	出火	名主	謝罪	武蔵44
4	寛永元. 2.14	遠江国 引佐郡井伊谷村	旗本領	山公事	百姓	救済	遠江 1
5	寛永11年以前	江戸		殺害人匿い	旗本	謝罪	
6	寛永11.閏7.23	江戸		江戸城出火	老中	謝罪	
7	寛永14. 2.18	遠江国 引佐郡神宮寺村	旗本領	自家に放火	百姓	謝罪	遠江 2
8	寛永15. 8. 8以前	薩摩国	薩摩藩	闕所	家臣	謝罪	薩摩 1
9	寛永15. 8. 8	薩摩国	薩摩藩	有馬にて城乗	家臣	処罰	薩摩 2
10	寛永16.	武蔵国 入間郡川越町	川越藩	殺人企て	町人	謝罪	武蔵 1
11	寛永17. 3.12	出羽国 山形十日町	山形藩	出火	町人	謝罪	出羽56
12	寛永17. 7.10	肥後国 人吉城下	人吉藩	御家騒動	家臣	処罰？	肥後 1
13	寛永17. 8. 4	薩摩国	薩摩藩	京にて逐電	家臣	処罰	薩摩 3
14	寛永17.11.17	江戸		？	百姓	謝罪	武蔵 2
15	寛永19. 3.	出羽国 山形城下	山形藩	母の助命	家臣家来	謝罪	出羽57
16	寛永19.	武蔵国 秩父郡日野村	幕　領	松根削取	百姓	謝罪	武蔵 3
17	寛永20. 2.19	上野国 勢多郡水沼村	幕　領	抱置牢人欠落	百姓	謝罪	上野 1

表 1-(2)　初期の入寺一覧（秋田藩）

No.	年　　代	国郡村名	所領	入寺理由	入寺人	入寺類型	典拠
18	元和元.11. 8	出羽国 久保田城下	秋田藩	御意違反	家臣	処罰	出羽 1
19	元和 4. 4.18	出羽国 久保田城下	秋田藩	？	家臣	処罰	出羽 2
20	元和 4. 7.19	出羽国 久保田城下	秋田藩	？	家臣	処罰	出羽 3
21	元和 4. 7.29	出羽国 久保田城下	秋田藩	？	家臣	救済	出羽 4
22	元和 6. 2～4	出羽国 久保田城下	秋田藩	番所にてかるた	家臣	処罰	出羽 5
23	寛永元. 4.13	出羽国 久保田城下	秋田藩	？	家臣	処罰	出羽 6
24	寛永元. 4.17	出羽国 久保田城下	秋田藩	？	家臣	処罰	出羽 7
25	寛永元. 5.19	出羽国 久保田城下	秋田藩	？	家臣	処罰	出羽 8

26	寛永 2.正.10	出羽国 久保田城下	秋田藩	位牌持ち出し	家臣	処罰	出羽9
27	寛永 3. 4.29	出羽国 久保田城下	秋田藩	？	家臣	処罰	出羽10
28	寛永 6. 3. 6	出羽国 久保田城下	秋田藩	出火	家臣家来	謝罪	出羽11
29	寛永 6. 7.18	出羽国 久保田城下	秋田藩	慮外失面目	町人	謝罪	出羽12
30	寛永 8. 3. 9	出羽国 久保田城下	秋田藩	御状誤記誤読	家臣	処罰	出羽13
31	寛永 9.正.17	出羽国 久保田城下	秋田藩	？	家臣	処罰	出羽14
32	寛永 9.正.22	出羽国 久保田城下	秋田藩	？	家臣	処罰	出羽15

註　拙著『駆込寺と村社会』（吉川弘文館、2006年）所載の「入寺一覧表」による（典拠は、同表に依られたい）。ただし、№1・2・5・6は新たに追加した事例であり、典拠は本書20〜22頁に依られたい。

そうしたなかで、秋田藩の事例中№29は、町人が入寺しており、また処罰としての「在寺」とは異なるものである。

一御茶や幸丸九兵衛、去十一日之晩、大町之おとり、しやかだうにて稽古之所へ参、慮外致、失面目候而、正洞院へ懸入罷有候様子、具ニ申上候、

このように、大町の踊り稽古《けいこ》場で九兵衛が慮外《りよがい》を働き、正洞院へ「懸入」したというものである。また、№28は「鈴ゝ木甚右衛門下彦右衛門と申者家ゟ火出候を、（中略）来迎寺へ彦右衛門逃入候由」と、火元の彦右衛門が来迎寺へ「逃入」ったというもので、失火を謝罪しての入寺であろう（実は、彦右衛門が主人の甚右衛門を恨んで、放火したことが判明するのであるが）。この二件は、天徳寺・宝鏡院への入寺ではなく、武家に対する処罰としての入寺でもない。

また、秋田藩以外の事例では、№7が、

一同年丑二月十八日之夜、神宮寺源右衛門家へ火を付損申候故、源右衛門ハ為仕置と申、自正楽寺へ山林申候（中略）源右衛門儀ハ　殿様ゟ在所を追払可被成由被仰出候へ共、龍潭寺幷正楽寺詫言ニ而赦免ニ成候事、

という一件で、自分の家に火を付けた源右衛門が、正楽寺へ「山林《さんりん》」＝入寺し、領主は在所追放を命じたが、龍潭寺《りようたんじ》・正楽寺の「詫言」によって「赦免」となったというものである。この他にも、

＊№11：出火→火元入寺→寺院の訴訟→寺院の断わりに任せ寺院預分。

＊No.16：松根削取→名主の譴責→入寺→郷中年寄を頼み詫び→代官への披露中止→詫証文の作成。
＊No.17：告訴→召状→入寺（処罰回避）→近村年寄中を頼み詫言→合点→詫証文の作成。

といった事例のように、出訴や処罰決定後に入寺し、寺院の詫言・訴訟によって赦免・処罰回避となった場合（No.7・17）、ないしは出訴や届出なしに村内で処理という場合（No.11・16）の両様がみられるが、いずれにしても(1)の機能を示すものである。そして、No.16・17の典拠は詫証文であり、内済の作法として詫証文の作成がなされるようになる様子も窺える。こうした村（町）における紛争処理の作法として組み込まれた入寺の事例が、寛永期後半頃より現れ、以後寛文・延宝《えんぽう》期を経て広くみられるようになるのである。

前著で指摘したように、幕府の紛争処理に対する基本方針である内済原則は寛文期に定式化するのであるが、そうした内済原則の成立過程で、入寺を伴う謝罪・謹慎の作法が形成されていったと考える。

㈢　アジール機能の維持・継承

幕府・諸藩によってアジールが規制・禁止されたことは、既に指摘したところであるが、これに対する寺院の対抗姿勢もみられた。伊東多三郎氏は、寛永四年（一六二七）に下野《しもつけ》宇都宮興禅寺が、同寺に逃げ入った賊徒《ぞくと》を保護し恩免を請うたが許されず、住職は抗議して退任した事例を紹介しているし、筆者も前著で住職による「出寺《しゅつじ》」「寺を開く」といった行動の事例を取り上げた（二二七頁〜）。

戦国大名伊達氏は、その分国法「塵芥集《じんかいしゅう》」のなかで、

とか《(科)》人、命をまぬかれんため、人の在所へはしりいら《(走入)》は、かの在所のぬし、はやくをひいたし《(追出)》候へき也、（中略）
同はうてら《(坊寺)》へはしり入事、かくこ《(格護)》あるへからさる也、

（佐藤進一他編『中世法制史料集』第三巻、岩波書店、一四〇頁）

とアジールを禁止したのであるが、江戸時代になってからの記録「政宗記《まさむねき》」巻九（寛永十三年）のなかに、

或下々曲事のときも寺へ翔入、或縄の上にて死罪の者をも中途へ出て、衣をかけて助けんとす、その主人も事により出家に免じて堪忍すること多し、

（『仙台叢書』第十一巻、五四八頁）

といった記事を目にすることができる。すなわち、寺への「翔入《かけいり》」＝入寺による免罪が行われていたことが述べられているとともに、死罪に処されようとする者も「衣をかけて助け」ることがあるという。「衣をかける」という行為は、刑場に臨む罪人に対し、僧侶が僧衣（袈裟《けさ》）を投げかけて助命するというもので、「袈裟をかける」ともいった（前著、一八一頁以下参照）。

荻生徂徠《おぎゅうそらい》は、その著「政談《せいだん》」において、

公の咎人をも慈悲のために命をもらい、あるいはかまいこれある者をも侘言する事、当時の処作也。（中略）これらは制すべき事也。寺領を寺より支配する故に、寺社領に悪人多くかくれ居て、田舎にても寺社領へは守護の手入りかね、これによりて公事もおこり、国守の政道も行きわたらず。とかく寺社領は近所の御領・私領にあずけ支配すべき事也。

（辻達也校注『政談』岩波文庫、四六〜四七頁）

と述べて、寺院自ら寺領を支配することの非を論じているが、そこには「公の咎人をも慈悲のために命をもらい、あるいはかまいこれある者をも侘言する事」は「制すべき事」、すなわち入寺詫言による罪人の赦免は禁止すべきとの認識が示されている。徂徠のこのような認識の背景には、アジールが(3)の機能として維持・継承された入寺、また(1)

の機能として形成された入寺の展開があったものといえる。

寺院（僧侶）による助命歎願や、さまざまな救済活動がなされていたことについては、その規制も含めて前著で具体的に論じたところである。

3　アジールと駆込寺―結びにかえて―

神田千里氏は、戦国期アジール禁止について、「アジールを禁じた戦国大名の法令を見出すのはさして難しいことではない」「しかしこれらの史料は法令の次元に現れた限りでの、戦国大名のアジールに対する対応である」とし、寺内に匿った者に手をかけることは寺院側の大きな抵抗を招き、僧侶が寺を捨てるという非常手段に訴えても罪人の助命を嘆願することがあり、「戦国社会の現実には、以上のような旺盛な僧侶の救解活動が存在していた」「僧侶による…宗教活動は、大名にとっても領国経営の上で重要な社会的機能」「アジールを取り締る戦国大名の法令は、一定の制限を設ける以上のものではなく、まして消滅させるためのものではなかったことが予想されよう」と述べ（神田二〇一〇年、一四二〜一四五頁）、寺院（僧侶）の救済活動を積極的に評価している。広瀬良弘氏も戦国期の「出寺」を取り上げて、「「出寺」するからにはその効果があるからこそであった。地域権力者の家中およびその支配領域では、依然として重要な機能を果たす存在であった」と指摘している（広瀬二〇〇〇年ほか）。このような中世末・戦国期の寺院アジールの水脈が、(3)の機能として江戸時代に継承されたといえる。

一方、戦国期の武士にみられる寺院への「走入」は詫言＝降参の作法である、という藤木久志氏の指摘からは（藤木一九八七年、一六二〜一六四頁）、入寺に謝罪・謹慎としての性格をみることができるのであり、筆者も東海地方を対象に戦国期の入寺に謝罪・謹慎、処罰的な性格があったことを指摘した（佐藤 二〇〇九年a、本書第一部第二章）。すなわち、詫言＝謝罪・謹慎するための入寺（自発的な駆込）が行なわれるとともに、それが謝罪・謹慎させるための入寺（強制的な入寺）＝処罰として機能していた側面が指摘できる。領主側は、一方でアジールを制限・否定するとともに、他方で(2)の機能として、さらには寺院による歎願を赦免の条件として規定するなど、領主法のなかに取り込んでいったのである。

ところで、神田千里氏が引用している江戸中期の「類聚名物考《るいじゅめいぶっこう》」の「寺入　てらいり」の説明に（神田 二〇一〇年、一四六頁）、

室町家の前より寺入という事あり。罪科あり、或いは世を感じて官禄を捨てんと思う人、高野山へ登り、或いは御室、比叡山等へ行きて、僧俗の中へ交わり、髪を剃らば、その罪を許し宥むる事あり。これを方言に寺入と云うなり。当時も高野山へ駆け込むなどいうより、菩提所の寺の住持の、罪人を乞い受けて宥むる事とはなりたり。（傍線筆者）

とあり、中世における高野山・御室仁和寺《おむろにんなじ》・比叡山《ひえいざん》といった大寺院への駆込による宥免《ゆうめん》が、傍線部分にあるように、近世においては「菩提所の寺の住持《じゅうじ》」によるものになったという。「菩提所の寺」とは、中世の大寺院との対比で述べられていることから、村々の寺院のこととみてよいのではないか。すなわち、大寺院から村々の寺院へという駆込の場の変容が窺えて興味深い。

そして、湯浅治久氏の「仏教と寺院が地域の核として地域住民の文字どおりの拠り所として確かに定着していた」（湯浅 二〇〇九年、二二九頁）との指摘を踏まえれば、戦国期～近世初頭にかけての村の寺院の成立に伴って、村々における入寺慣行が形成されたといえようか。これが、幕府の内済原則と連動した(1)の入寺の形成へと連なってゆくの

であるが、それには寺檀制度・寺請制の一般化をみる必要もあろう。そうしたなかで、本来自発的になされる入寺が、強制的な入寺＝村の制裁としても位置付けられていったのではないか。湯浅氏は、「戦国の百年を経て、近世の檀家《だんか》制度に取り込まれ、檀家制度の制定により江戸幕府の民衆教化の一端を担わされる。しかし、その代わり、さらに広く深い庶民的な基盤を整えてゆくのである」（同、二三〇頁）とも述べており、「広く深い庶民的な基盤」の具体的な内容な明示されていないが、駆込寺としての機能を位置づけることもできるのではないか。こうして、中世の寺院アジールは、近世駆込寺の三つの機能として、近世社会に継承され、また変容して伝えられたのである。

なお、伊藤正敏氏は、高野山・比叡山・興福寺・東大寺・石清水八幡宮・祇園社等の寺社勢力を無縁所と位置づけ、「中世の無縁所は、原始時代や現代に通じる縁切りという文化を持つ。この部分が網野の言う（非政治的な）人類普遍の原理である。だが一方、原始時代や現代とは通じあわない政治的存在であったことを忘れてはならない」（伊藤正敏二〇一〇年、二二二頁）としつつ、「江戸時代になると…寺院は葬式仏教に特化して」（同、二〇三頁）、「近世、寺がなぜ、葬式仏教に堕してしまったのか」「葬式仏教に転落して二〇〇年以上を経た明治初年にも、その存在感は希薄で、すでに半ば忘れられ古ぼけた存在になっていたようだ」（同、二三〇頁）と、江戸時代の寺院・仏教に対する認識を示しているが、中世の大寺院のアジールを継承し、また変容して伝えた近世における村々の寺院への駆込慣行をみていない。

また、夏目琢史氏は、「近年の佐藤孝之などの研究により、江戸時代の地域社会においてかなり細部にまで駆込寺が残存していたことが明らかにされたが、それは「アジールの変質」という理解を必ずしも脱し切れていない。すなわち日本中世に存在したとされるアジールと近世の駆込寺との関係が不明瞭なまま立論されているように考えられてならない」と述べ、「それが一つの制度（社会システム）として定着し、またとくに〝武力〟という物理的暴力を必ずしも必要としない形でアジールが認められるようになったのは江戸時代にほかならない」と指摘している（夏目 二〇〇九年、二二頁、七八頁）。江戸時代における駆込寺が「残存」であったのかはともかくとして、夏目氏は江戸時代の駆込寺を「アジールそのもの」としており、さらに近著でも「近世の駆込寺こそが日本における「アジール」の典型であるという理解」を再確認している（夏目 二〇一五年、一一八頁）。この点、中世アジールの〝変容〟と捉えている筆者とは理解を異にするが、氏の指摘にも触発され、アジールと近世の駆込寺との関係について、中世の寺院アジールがいかに〝変容〟し、近世社会に特徴的な入寺として展開したのかを雑駁《ざっぱく》ながら考えてみた。

表1において、今回新たに加えた事例は次に示す四件である。

〔1〕「慶長年録」慶長十四年

一正月十三日、　大御所様遠州中泉を御立、（中略）十五日、吉良御通被成候処に、目安を以申上者有、（中略）十人許之者、大かたな指なから走り参候間、　大御所様も御前衆も、か様之無骨者終ニ御覧不被成候ニ付而、是ハ偽者ニ而可有候間、取巻可打取と被仰渡候ニ付而、　御輿之前後之歩行御供士皆追かけ申候、跡に逃行申者おひつめられ刀を抜申候を、皆おっつめ候而打取申候、是ハ長塩と申者にて候、残りハ寺へ馳入一所に取籠罷有候、

（『内閣文庫所蔵史籍叢刊』65、汲古書院、三一六頁）

〔2〕「慶長年録」慶長十四年

一九月朔日、於江戸有喧嘩、縦ハ水野市正所江遠州浜松城主松平左馬充ヲ招請アリ、口切の振舞、其座敷ニテ久米佐平次ト服部半八ト云者及口論申、佐平次ヲ半八一刀ツイテ退出、佐平次則追懸処ヲ、宇治茶師八大夫ト云

者佐平次ヲ前ゟ抱、左馬充半八贔《ヒキ》ナリケレハ、半八ヲ可遁タメ佐平次ヲ後より被抱、佐平次カ言、我已ニ被突畢、難成堪忍間可被離由申シケレトモ不離、扨佐平次堪怨怒、左馬充ヲ一刀突条、暫時左馬被相果、半八ヲ其座ヲ退ケルカ、於相模国大山追懸被生害、亭主市正ハ寺入シケルカ、十月中旬ニ被為切腹、左馬遺跡ハ被収公、

（『内閣文庫所蔵史籍叢刊』65、汲古書院、三二七頁）

〔3〕「大猷院殿御実紀」巻廿六

○（寛永十一年十一月）七日、さきに松平宮内少輔忠雄が家士渡辺某を討て立のきし河合又五郎を、その兄数馬幷近縁荒木又右衛門年ごろ復讐の志有て、こゝかしこ捜索せしが、けふ藤堂大学頭高次が所領伊賀の城下にて行あひ、又五郎幷その伯父河合勘右衛門及桜井半兵衛を悉く討はたせしよし聞ゆ、数馬・又右衛門は、忠雄が子庄五郎より人数を出して迎しめ、因州に引とりしとぞ、（こは又五郎渡辺を討て江戸に逃来りしを、旗下の士阿倍四郎五郎正之・久世三四郎広当・安藤次右衛門正珍かくし置ていださず、忠雄大に憤り、又五郎が父半左衛門を召とり刑に行はんとす、（中略）久世・安藤・阿倍等は此事により御咎ありて、しばらく谷中辺の寺に蟄居しけるが、月日経てやう〳〵御ゆるしありしとぞ）

（『新訂増補国史大系　徳川実紀』第二篇、吉川弘文館、六六三〜六六四頁）

〔4〕「大猷院殿御実紀」巻廿

○（寛永十一年閏七月）廿七日（中略）この廿三日夜初更の頃、西城の厨より失火して、殿閣こと〴〵く延焼せり、よて留守酒井雅楽頭忠世大におそれ、寛永寺に入りて罪をまつよしなり、やがて酒井因幡守忠知もはせのぼり、この事聞えあぐる、水火の天災はたとひいかなる時にも、のがるべきにあらねば、忠世留守したりとも、火災あらんに忠世が罪といふべからず、然るに忠世閥閲の重臣にて留守しながら、火おこるとて、おのが咎られん事を

はかり、城を逃出て山入する事、ほとんど大臣の所置にあらず、かつは武士の道に於て臆したりとやいはんと、以の外御けしきあしく、その旨奉書もて忠世に被下さる、

○（寛永十一年十一月）廿二日、酒井雅楽頭忠世は西城失火の後城を出て、東叡山の僧坊に籠居せしを聞召、御けしき宜しからねば、弥畏縮し山を出ず、大僧正天海につき、しきりに過を悔罪を謝しければ、天海尾紀両卿にこふ事度々に及べり、両卿より井伊掃部頭直孝、土井大炊頭利勝、酒井讃岐守忠勝もて愁訴懇願あり、此日聞召いれられしとぞ、○廿四日（中略）両卿まうのぼられ、酒井雅楽頭忠世御勘気赦免の事謝し奉らる、（中略）○廿七日、酒井雅楽頭忠世御ゆるし蒙り拝謝し奉る（これより西城留守をばとゞめられしなり、金銀の奉行たりしといふ）

（『新訂増補国史大系　徳川実紀』第二篇、吉川弘文館、六五六頁、六六五～六六六頁）

これらのうち〔1〕は、三河《みかわ》国吉良《きら》を通りかかった家康に目安をもって訴え出る者があったが、大刀《たち》を差して走って来たので偽者とされ、御輿の前後を固めていた家来たちに追いかけられ、一人は討ち取られ、残りの者は「寺へ馳《はせ》入《い》」ったというもので、追い詰められた者が救済を求めて寺院へ駆け込んだといえようか。

〔2〕は、水野市正が浜松城主松平左馬允を招いて催した茶会において、久米左平次と服部半八が口論となり、半八が左平次を一刀突いて退出し、左馬允も左平次に一刀突かれて死去した。逃走した半八は相模《さがみ》国大山において追手により殺害され、茶会の亭主であった水野市正が「寺入」したという一件であるが、市正は騒ぎを起こしたことを謝罪するため入寺したといえよう。

〔3〕は、有名な伊賀上野の敵討ちに関する記事であるが、渡辺某（源太夫）を殺害した河合又五郎を匿《かく》ったとして、旗本の阿倍正之・久世広当《ひろまさ》・安藤正珍《まさよし》が咎めを受け、寺院に「蟄居《ちっきょ》」したというもので、旗本三名は謝罪・謹慎の意を表して入寺したといえよう。なお、平泉澄氏が引用する「近代正説砕玉話」には、この敵討ちに関して「今度の事、

両亜相も時の執事も、安藤・久世・阿部三人の仕形不届きなりとの噂にて、自ら出仕も沮渋の體なりしが、公儀を憚りて百日寺入す」とあり、一〇〇日間の「寺入」であったという（平泉 一九二六年、一四三～一四四頁）。

〔4〕は、将軍家光が上洛中に江戸城西丸から出火した一件で、留守を預っていた酒井忠世が寛永寺にはいって謹慎し、大僧正天海《だいそうじょうてんかい》を通じて謝罪したというものである。

なお、武士や武家奉公人の駆込については、谷口眞子氏による検討があり（谷口 二〇〇七年）、右のうち〔2〕〔3〕の一件にも触れている。

第二章　「山林」からさぐるアジールの変容

1　「山林」と寺院

かつて網野善彦氏は、中世におけるアジールと寺院・「山林《さんりん》」の関係に注目し、寺院は駆込寺《かけこみでら》としての機能をもっており、その根源は山林のアジール性・聖地性に求められること、九世紀以降多くの寺院が山林に建立されるようになり、そうした寺院は多少ともアジールとしての性格を持っていたことなどを指摘された。そして、永禄《えいろく》三年（一五六〇）八月五日付で今川氏真が遠江《とおとうみ》国引佐《いなさ》郡の龍潭寺《りょうたんじ》に宛てた判物《はんもつ》（『静岡県史』〈以下、本章では『県史』とする〉資料編7、二八一〇号）に、「悪党以下、号山林走入之処、住持爾無其届、於寺中不可成敗事」とあることから、「「山林に走り入る」とは、駈込寺に走り入ることを意味した」とされ、「山林」とは寺院をさすという解釈もありうるかもしれない、と述べている（網野　一九七八年、以下網野氏の所説はこれによる）。

ところで筆者は、寺院への駆込（入寺《にゅうじ》）について究明した前著のなかで、網野氏が戦国期の寺院アジールの例とした龍潭寺の所在する遠江国引佐郡では、江戸時代において寺院に駆け込むことを「山林」と称していたことを指摘した。すなわち、引佐郡では戦国期から江戸時代にかけて、寺院への駆込と関わって「山林」という言葉が使われていたのである。この点、入寺について考える上で興味深いが、前著では簡単に言及するにとどまった。そこで本章では、この「山林」という言葉に改めて注目し、東海地域を対象に戦国期から江戸時代にかけてのアジールの変容について素描を試みたい。なお、本章で東海地域といった場合、伊豆《いず》・駿河《するが》・遠江・三河《みかわ》地域を指す。

2 江戸時代の「山林」

江戸時代において入寺を意味する言葉として「山林」が使われたことが判明している地域は、前述した遠江国引佐郡に加えて、三河《みかわ》国渥美《あつみ》郡の田原《たはら》藩、および陸奥《むつ》国会津《あいづ》藩がある（前著、一二一～一三一頁）。遠江・三河両国における入寺に関しては、既に拙稿（佐藤 一九九五年・二〇〇四年）および前著において言及したところであり、遠江国引佐郡についてては巨島泰雄氏・夏目琢史氏による検討もなされているが（巨島 二〇〇三年、夏目 二〇〇九年・二〇一五年）、まず遠江国における「山林」の事例を列挙すれば次のようになる。

①寛永《かんえい》元年（一六二四）二月十四日 山公事《やまくじ》に際し地頭《じとう》近藤氏の厳しい穿鑿《せんさく》を受けた井伊谷《いいのや》村の与三左衛門ら六人が、同村の「龍潭寺へ山林」し、龍潭寺がいろいろと「詫言《わびごと》」をしたが近藤氏は承知せず、「在寺《ざいじ》」八年にてようやく御免になった。　（『県史』資料編12、六五三頁）

②寛永十四年（一六三七）二月十八日 神宮寺村の源右衛門が家へ火を付け、自ら「正楽寺へ山林」し、地頭が在所追放を命じたが、龍潭寺・正楽寺の「詫言」によって赦免《しやめん》された。　（同、六六二頁）

③延宝《えんぽう》八年（一六八〇）正月七日 井伊谷村で松木を切り取った四人が穿鑿を受け、「明円寺へ山林」し、同寺の「詫言」で正月二十三日に「相済」んだ。　（同、七五三頁）

④天和《てんな》元年（一六八一）冬　奥山村で鉄砲を持って猟に出た兄弟のうち、弟が誤って兄を撃って死亡させてしまった。意趣はないものと公儀へ届け出ることなく、弟が「方広寺へ山林」し、「事納り」となった。（同、七六二頁）
⑤天和二年（一六八二）正月　井伊谷村の惣百姓が地頭への訴訟を企て、江戸へ向けて出立したが、途中で連れ戻された。地頭から参加者の名簿を提出するよう命じられた惣百姓は、出家衆を頼み「詫言」をしたが、とにかく名簿を提出せよと命じられ、「山林」しようと内談した。しかし、龍潭寺が江戸へ出掛けて留主のため「山林」すべき寺もないとのことで、是非なく名簿を提出した。（同、七六四〜七六六頁）
⑥元禄《げんろく》十七年（一七〇四）正月　狩宿村《かりしゆく》で他人の林の木を板に引き売り払った者について、村方《むらかた》が陣屋に言上しようとしたところ、寿龍庵へ「山林」し、同寺が村方に再三に亙って詫びたため、詫証文《わびしようもん》を提出して内済となった。（巨島　二〇〇三年、八一頁）
⑦天保《てんぽう》九年（一八三八）三月二十八日　気賀上《けがかみ》村で出火があり、火元が「檀寺《だんでら》蓮照寺へ山臨」し、同寺より届出とともに度々「咤」がなされ、定例七日の「山臨」にて御免になった。（浜松市細江町「賀茂家文書」）
⑧天保十年（一八三九）二月二十七日　田沢村で火事があり、焼失した家の所持者が龍珠院へ「山臨」し、同寺と庄屋が陣屋に申し上げ「御詫《おわび》」をし、二十九日に御免が申し渡された。（巨島　二〇〇三年、八四〜八五頁）
⑨天保十年（一八三九）三月二十七日　渋川村の龍王院が、理由は不明であるが東光院へ「山臨」し、四月四日に再三の「御詫」につき御免が申し渡された。（同、八五頁）
⑩天保十五年（一八四四）五月十二日　金指《かなさし》村で、借金の返済に絡み騒動に巻き込まれた借家人が、借家からの立ち退きを申し付けられたため実相寺へ「山臨」し、同寺の「御詫」によって御免となった。（同、八五頁）
以上の一〇件を挙げることができるが、龍潭寺をはじめ正楽寺・明円寺・方広寺・寿龍庵・蓮照寺・龍珠院・東光

院・実相寺といった各村々の寺院への駆込が、さまざまな状況下で行なわれており、そうした寺院へ駆け込む行為を「山林」と称していたことが分かる。また、天保期には「山臨」と表記していたことも知られる。ただし、引佐郡で寺院への駆込をすべて「山林」「山臨」と称していたわけではなく、「走入《はしりいり》」「走込《はしりこみ》」「寺入《てらいり》」という表記もみられる（前著「入寺一覧表―遠江国」参照）。

次に、三河国の田原藩領の事例を挙げてみよう（田原町・田原町文化財保護審議会編集・発行『田原藩日記』による）。

⑪寛文《かんぶん》十年（一六七〇）三月十九日　田原町で小火が発生し、火元が「当行寺へ山林」し、三月二十七日に寺から出た。（『田原藩日記』第一巻、三頁）

⑫元禄十二年（一六九九）十一月三日　彦田村で出火、火元が野田村法花寺へ「山林」し、三月五日に御免となった。（同、四五六頁）

⑬元禄十六年（一七〇三）十一月十九日　田原町で出火、火元老女が「城宝寺へ山林」し、同月二十一日に御免となった。（同、五三七頁）

⑭宝永《ほうえい》二年（一七〇五）九月二十七日　加治村で出火、火元が「同村浄光寺へ山林」し、十月四日に御免となった。（同、六〇五頁）

⑮宝永二年（一七〇五）十一月十日　田原町萱《かや》町で出火、火元が「城宝寺へ山林」し、同月十四日に御免となった。（同、六〇八頁）

⑯宝永五年（一七〇八）二月十七日　市場村で出火、火元が「城宝寺へ山林」し、同月二十日に御免となった。（同、六三五頁）

⑰正徳《しょうとく》元年（一七一一）七月二十三日　三浦平馬に対し無礼・慮外《りょがい》をした青津村の者が「伝法寺へ山林」し、同寺

および城宝寺・西応寺《さいおうじ》が日参して詫びた。（同、六六一頁）

⑱正徳元年（一七一一）八月二十三日　城宝寺地内で出火、火元の大工が「山林」し、翌朝御免となった。（同、六六三頁）

⑲正徳元年（一七一一）九月十一日　野田村で出火、火元が「安楽寺へ山林」し、同月十四日に御免となった。（同、六六五頁）

⑳正徳四年（一七一四）正月三日　漆田村《うるしだ》で出火、火元が「宝珠庵へ山林」し、同月五日に御免となった。（『田原藩日記』第二巻、二二頁）

㉑正徳四年（一七一四）三月十一日　細工先に雑言をいい「浄光寺へ山林」していた加治村の大工が、この日に御免となった。（同、二三頁）

㉒正徳五年（一七一五）四月十三日　二年前に高松村で徒《いたずら》に用水の水を落とした者が、宝蔵寺へ「山林」して死罪を免れ追放に処され、この日に御免となった。（同、四九頁）

田原藩の場合、これ以降は全て火元に対する処罰の事例になるので、列挙するのはここまでとするが、享保《きょうほう》期になると「参林」という表記が現われ、以後「参林」が比較的多く使われるようになる。なお、寛文期から正徳期までの間には、「山林」のほかに「寺入」をはじめ「入寺」「かけ入」「かけこミ」なども使われている（前著「入寺一覧表—三河国」参照）。

さて、本書「はじめに」において述べたように、江戸時代の入寺には、(1)謝罪・謹慎の意思表示としての入寺、(2)処罰・制裁としての入寺、(3)救済・調停手段としての入寺、という三つの機能があったが、右に挙げた遠江国の事例をみれば、地頭の厳しい穿鑿《せんさく》から逃れようとした①、名簿の提出を強く求められた訴訟参加者が「山林」しようとした⑤、借家人が立ち退きの取り消しを求めた⑩などは、⑶の事例に相当しよう。⑦・⑧は、いわゆる火元《ひもと》入寺の事例であるが、⑦によれば「山臨」日数も定例が決められていたことが知られ、入寺が火元に対する処罰とされており、⑵の事例といえる。その他は、当事者が寺院へ駆け込み、寺院を仲介とした村方や領主への謝罪によって、赦免や内済となったという⑴の事例となる。田原藩の場合では、⑵に含められる火元入寺の事例がほとんどであるが、⑰・㉑・㉒の三件は当事者が謝罪のために入寺しており、⑴に該当する事例といえる。

このように、入寺の⑴・⑵・⑶の機能は、「山林」についても異なるところはないのであるが、ここでは、列挙した「山林」（山臨）の事例は、すべて寺院への駆込を意味する点を改めて確認しておこう。

3 戦国期の「山林」

前節でみたように、遠江国と三河国において、江戸時代に寺院への駆込を示す言葉として「山林」（参林・山臨）が使われていたのであるが、この「山林」は戦国期に遡って使用例が認められる。そこで、東海地域の「山林」文言を持つ史料を『県史』資料編7・8等から拾い出すと、以下のような事例が得られる。

ⓐ天文十九年（一五五〇）十一月十三日　天野景泰宛今川義元判物

犬居（遠江国豊田郡）三ヶ村定置法度之事

（中略）

一百姓等年貢引負、或隣郷山林不入之地就令徘徊者、相届任法度可加成敗

（後略）

（『県史』資料編7、二〇一四号）

ⓑ天文二十年（一五五一）八月二十八日　由比光澄宛今川義元判物写

代々雖為忠節、借用之米銭過分之間、就不及返弁、数年令山林、連々依訴訟申上重而召出、旧借等一円停止之畢

（後略）　（同、二〇七〇号）

※右の史料本文中「山林」の部分を、『県史』資料編7では□にしているが、「山林」と読んで間違いない（有光　一九八一年、大石　一九九六年参照）。

ⓒ永禄《えいろく》元年（一五五八）閏六月八日　奥平定勝宛今川家奉行人連署書状写

（前略）将又九八郎殿儀、御親類中人質於牛久保（三河国加茂郡）ニ被置、以身血重諸余不可有疎略候段、各御申候条、無御存知分ニ三戸（雲如書）大宮寺辺ニ為山林、可有御堪忍ニ候、是又御心安存候（後略）　（同、二六二七号）

ⓓ永禄三年（一五六〇）八月五日　遠江国龍潭寺宛今川氏真判物

遠州井伊谷（引佐郡）竜潭寺之事

（中略）

一悪党以下、号山林走入之処、住持爾無其届、於寺中不可成敗事、

（後略）　（同、二八一〇号）

ⓔ永禄六年（一五六三）三月一日　田嶋新左衛門尉宛関口氏経書下

壬戌年（永禄五年）七月廿六日、崇山（嵩）中山（三河国八名郡）落城之砌、其方為高名西郷新左衛門子令生捕、則良知被官中谷清左衛門ニ被相渡之処ニ、依取逃之、彼清左衛門于今ニ令山臨候処ニ（後略）　（同、三一一四号）

ⓕ永禄六年（一五六三）九月九日　遠江国某宛今川氏真朱印状

定

（中略）

一百姓小作年貢引負、或篠ぉ懸、或闕落之上、号山林不入地雖令徘徊、一返相断、以公方人令譴責、年貢可請取之事、

（後略）　（同、三一五二号）

ⓖ永禄七年（一五六四）七月十八日　駿河国安養寺智長宛今川氏真判物写

富士（駿河国富士郡）大宮内杉田郷安養寺并寺領之事

右、富士図書助任寄進状旨、天沢寺殿（今川義元）雖被成判形、有其断、近年新次郎与問答之間、寺寺領共中途爾有之上、今度遂裁断之処、図書令山林之内、寄進状爾不加判形之間、全非正理歟（後略）　（同、三二二三号）

ⓗ元亀《げんき》三年（一五七二）三月二十二日　駿河国見性寺宛武田家禁制

楠谷（駿河国安倍郡）
見性寺

禁制

一山林竹木剪執之事
一殺生狼藉之事
一山林望之者之事
一門前家三間諸役之事

右条々、於違犯之輩者、可被行罪科者也、仍如件、

（後略）　（『県史』資料編8、四一四号）

ⓘ天正《てんしょう》五年（一五七七）閏七月二十二日　駿河国誓願寺宛跡部勝資書状

就　上意令啓候、仍小山田大学助同心、不慮之喧嘩仕出候之故、先貴寺山林之儀被仰付候、暫被拘置可被及御訴訟之趣、御内儀候、不苦人ニ候之間、被加御懇意御許容尤候（後略）

（同、一〇七二号）

ⓙ天正五年（一五七七）閏七月二十四日　駿河国誓願寺宛快川紹喜書状

態呈一書、河野織部丞、貴寺山林之事被仰出之旨、従跡部大炊助殿（勝資）被仰越候間、相副一書進候、無異義御拘尤候、軈而可被召出候（後略）

（同、一〇七三号）

ⓚ天正十四年（一五八六）九月七日　遠江国龍潭寺宛徳川家康判物写

遠州井伊谷（引佐郡）竜潭寺之事

（中略）

一悪党以下、号山林走入之処、住持等無其届、於寺中不可成敗事、

（後略）

（同、一八六一号）

ⓛ「松平家忠日記」天正十七年（一五八九）七月五・六日条

五　日、庚戌、かりや水野藤次、喧嘩候由候、

六　日、辛亥、夜雨降、藤次大澤へ山林候、

（竹内理三編『増補続史料大成　家忠日記』臨川書店、三四〇頁）

※六日条の中の「大澤」は、三河国額田郡桑原村の大沢山竜渓院のことである（盛本一九九九年、一三三頁参照）。

ⓜ天正十八年（一五九〇）五月三日　高橋丹波守・同左近宛清水康英書状

此般下田（伊豆国賀茂郡）出城、林際寺（賀茂郡）迄同心之儀、誠以忝候、内々我々在寺之間者、一同ニ可有之候処ニ、我々儀者煩ニ付而、

為養生一身之体ニ而在寺之由、各ニ申理候処ニ、何も在寺候得者、世間取成も如何ニ候間、何方之寺方へも、以一身有山林尤候、拙者以異見山林之間、争拙者ヲ被見捨ニ可有之候、自然後日横相（合）有之共、拙者可申立候（後略）

（『県史』資料編8、二四五八号）

このように、「山林」文言を持つ史料が、東海地域に広く分布していたことが判明する。右の一三例のうちⓓは、悪党らが「山林」と称して龍潭寺に駆け込んだ際に、住職に断りなく「成敗」をしないことを、今川氏が龍潭寺に対し保障したものであり、網野氏が「山林」＝寺院への「走入」（駆込）を示す根拠とした史料である。ⓚは、ⓓとほぼ同内容の龍潭寺に宛てた徳川家康の判物であり、徳川氏も龍潭寺に対し今川氏同様の保障を与えたのである。ⓗの見性寺宛禁制には、三ヶ条目に「山林望之者之事」とあり、見性寺への「山林」を望む者に対し、武田氏がこれを認めたことを示すものと思われる。これらは、龍潭寺や見性寺によるアジール権の主張を戦国大名が認めたことを示している。

個別の「山林」の事例をみてみると、ⓜで落城のため下田城を出た清水康英が病気養生のため「在寺」し、高橋丹波守らに対し「何方之寺方」に「山林」するよう伝えているのは、謝罪・謹慎の意思表示のための「山林」であり「在寺」であろう。さらに、ⓛも五日条に「喧嘩」とあるので、喧嘩をした藤次が謝罪のために「山林」したものといえよう。これに対しⓘ・ⓙは、「不慮之喧嘩」をした小山田大学助同心河野織部丞に対し、「山林之儀被仰付」「山林之事被仰出」とあるように、誓願寺への「山林」を命ずるというものである。謹慎の場として誓願寺が指定されているのであり、ⓘにあるように、暫く「拘（抱カ—引用者註）置」いて「訴訟」＝謝罪するというもので、処罰的な性格が窺える。ⓒでは「為山林」「堪忍」とあるように、これも処罰的な措置といえようか。

以上の諸事例からは、「山林」とは寺院への駆込を意味するとともに、「山林」することに江戸時代に繋がるところの謝罪・謹慎、さらには処罰的な意味合いを指摘できる。

ⓑは過分の借用米銭を返せなくなった由比光澄が、数年間「山林」し、「連々」「訴訟」したことにより再び「召出」されたというもので、「訴訟」すなわち謝罪のための「山林」であろう。生け捕りにした西郷新左衛門子を預けられた中谷清左衛門が、これを取り逃したため「山臨」しているというⓔも、やはり謝罪のための「山臨」であったと思われる。ⓑ・ⓔは、寺院へ「山林」「山臨」したとは明記されていないが、その可能性はあるのではないか。

一方、次のような「山林」にも注意する必要があろう。すなわちⓐでは、年貢を滞納した百姓等が、「山林不入之地」を徘徊することを規制した条文であり、ⓕでも小作年貢を滞納した百姓が、「号山林不入地」を徘徊することを禁じている。ⓕの「号山林不入地」をめぐり、峰岸純夫氏は、ⓐを「山林不入之地」に逃げ込み徘徊しているとし、ⓕでも同様に逃げ込んだ先を「山林不入地」と号して徘徊しているとしている（峰岸 一九九三年）。これに対し大石泰史氏は、ⓕについて「山林」と号し「不入地」を徘徊していると解釈し（大石 一九九六年）、夏目琢史氏も同様に解釈している（夏目 二〇一六年a、八〇頁）。このように解釈が分かれているが、百姓等が不入地を徘徊していることは間違いないのであり、これは寺院へ駆け込んで謝罪・謹慎の意を表すものではなく、次節でみる百姓等の逃散に関わる「山林」といえる。ⓖは、「山林」して寄進状への押印を拒んでいるということで、個別的な隠遁《いんとん》（欠落《かけおち》）といえようか。

なお、安房《あわ》国の里見氏領国においても「山林」が知られるが（大石 一九九六年）、それらは寺院への駆込を示すとともに、里見氏によるその規制すなわちアジールの否定を示している。

4 「山林」を遡る

網野氏は、「戦国期の例を遡ってみれば、われわれはすぐに、百姓逃散の例につき当る」と述べ、延文《えんぶん》二年（一三五七）十月に若狭《わかさ》国太良荘《たらのしょう》の百姓らが名主らの非法を訴えたなかに、「捨名田畠、御百姓等交山林」とあり、さらに遡って承安《じょうあん》二年（一一七二）十一月に伊予《いよ》国弓削島荘《ゆげしまのしょう》の住民らが不法の停止を求めて「各交山野」とある例を挙げて、「交山林」「交山野」という用語に注目している。

そこで、戦国期からさらに時代を遡り、『平安遺文』『鎌倉遺文』から「交山林」「交山野」およびその関連する用語を検索してみると、八〇件余の事例を得ることができた（東京大学史料編纂所データベース「平安遺文フルテキストデータベース」「鎌倉遺文フルテキストデータベース」を利用した。以下の引用も両データベースによる）。東海地域の事例を拾うことはできなかったが、幾つかを次に摘記してみよう。

天喜《てんき》四年（一〇五六）十一月十一日　伊賀守小野守経解
「又為杣住人等無得、或以山林為宅、或逃散隣国」（『平安遺文』三、八二〇号）

康平《こうへい》二年（一〇五九）十月十三日　越後国石井庄寄人庄子解
「庄子等被凌亡之間、或山野為家、企逃散之謀」（同四、二七五号）

嘉保《かほう》三年（一〇九六）五月十二日　官宣旨案
「庄民、令逃散山野之後」「庄民等自山野出来」（同四、一三五三号）

仁安《にんあん》二年（一一六七）二月二十五日　伊予国弓削島荘住人解

「加苛法責之間、百姓等皆悉交山野、失為方畢、愁歎甚」（同七、三四一八号）

文治《ぶんじ》二年（一一八六）正月　多米正富申状案

「所司住人皆悉捨住宅、交山林云々、為公私空損也」（『鎌倉遺文』一、四四号）

宝治《ほうじ》三年（一二四九）三月二十五日　伊賀北杣百姓神人等連署申状

「為成訴訟に、百姓等交山野之処に」（同一〇、七〇五八号）

永仁三年（一二九五）閏二月　播磨大部荘百姓等申文案

「庄民頗如散憤濫也、交山林拾木菓、堀草根雖令活命」（同二四、一八七六二号）

元徳《げんとく》二年（一三三〇）十月九日　東大寺衆徒僉議事書土代

「百姓不耐苛責、依交山林」（同四〇、三一二三二号）

ごく一部を掲げたが、「百姓」「住人」「庄子」「庄民」等の「交山林」「交山野」等と表現される行為のあったことが記されている。これらは実際に「山林」「山野」に入ることを示すものであり、網野氏をはじめ諸氏の指摘にあるように（網野 一九七六年、斉藤利男 一九八一年、黒田 一九八一年、勝俣 一九八二年、池田 一九九八年、峰岸 一九九三年など）、アジール性・聖地性をもつ山林・山野への避難行動であるといえよう。

一方、次に示すような事例もみられる。

嘉禄《かろく》二年（一二二六）十月十八日　東大寺花厳宗牒

「僧正数輩門弟離本寺、交山林歟之内」（『鎌倉遺文』五、三五三六号）

宝治元年（一二四七）十二月　金剛峯寺衆徒申状案

「任起請文之旨、閉寺門而可交山林」（同九、六九三〇号）

これらは、本寺を離れ、あるいは寺門を閉じて「交山林」と表現されているが、寺僧集団の逃散を意味している。右の金剛峯寺衆徒申状案にもみえるが、起請文を交わした上で「交山林」という事例も報告されている（千々和 一九七七年、永村 一九七八年、入間田 一九八六年など）。このように、時代を遡ると「山林」「山野」は逃散の場であり、「交山林」「交山野」等の行為は逃散することを意味したのである。

さて、時代は降るが、「政基公旅引付」によれば、和泉国日根野荘において文亀《ぶんき》元年（一五〇一）から同二年にかけて、逃散を意味する用語として「交山林」をはじめ「山入」「入山」「山ニ昇」「引退山中」「山あかり」「引籠深山」「山へ取上」「藪山にかくれ」と記されている（峰岸 一九九三年、池田 一九九八年など）。また、南予宇和地方の戦国軍記「清良記」に、土居清良方の武将が「山林に逃げかくれたる者ども」に対し「狼藉をばせぬぞ」と呼びかけて引き上げたというが（藤木 二〇〇六年、一二九頁）、この「山林」は逃散の場でありアジールであることを示している。このように、逃散の場としての「山林」は戦国期にも引き継がれるが、それは寺院への駆込ではない。一方で戦国期には、寺院への駆込を示す「山林」もみられたことは前節でみたとおりである。

ところで、夏目琢史氏は「古代以来、「山林」という言葉は「出家・遁世」という意味で用いられてきた」「江戸時代にみられる「山林」も「出家」を願い出る場合に用いられたものと理解することができる」と述べ（夏目 二〇〇九年、八一〜八三頁）、また「「山林に交わる」という表現（＝出家を意味する）」とも述べている（同 二〇一五年、一二九頁）。しかし、前述したように、古代・中世において「山林」とは、百姓・住人等あるいは寺僧等の逃散の場であったのであり、寺院への駆込を意味するわけではなかった。戦国期には寺院への駆込を示す事例がみられ、江戸時代には専ら寺院への駆込を意味するようになり、そうしたなかで出家する場合があったことは否定しないが、本来「山林」＝出家ということではない。

5　戦国期遠江・駿河のアジール断片

(一)　沈　淪

ここで東海地域に戻って、戦国期から近世初頭にかけての「山林」以外のアジール関係史料を取り上げてみたい。天正二年（一五七四）六月九日付で、遠江国城飼《きこう》郡中村郷の岸平右衛門に宛てた武田家朱印状（『県史』資料編8、七六五号）に、「遠州中村之郷之百姓、所々沈淪之族相集、可令居住之由、被仰出者也」と、所々に「沈淪《ちんりん》」した百姓を集めて居住させるようにとの文言がある。また、天正五年十一月五日付の遠江国榛原《はいばら》郡白羽《しろわ》郷宛の武田家禁制（同、一〇九六号）には、「右条々、不可有御相違、然則令沈輪（淪）百性等召還、可令居住彼郷中」と、ここにも「沈輪（淪）」した百姓等の召返しに関する文言がある。「沈淪」とは「ひそかに逃亡すること」（『日本国語大辞典（第二版）』第九巻、小学館）であるが、右の史料に即して解釈すれば百姓の逃散を意味していよう。また、天正二年七月二十日付の遠江国城飼郡の竹本坊宛小笠原信興朱印状（『県史』資料編8、七九五号）には、「西大谷普品寺就退転、衆徒中所々沈輪（淪）之」とみえ、寺院が退転し衆徒が「沈輪（淪）」したという。前二例の場合とは異なるが、逃げ去るという意味では共通している。このように、「沈淪」は逃散・逃亡を意味する言葉として用いられていた。

もうひとつ「沈淪」に関しては、天正十八年（一五九〇）五月、伊奈忠次が伊豆国田方《たがた》・賀茂《かも》両郡の村々に対し発給した郷中定書《ごうちゅうさだめがき》がある。『県史』資料編8に一〇点が収録されており（二四六二〜二四七一号。ただし、全文を掲出してあるのは宇佐美郷宛の一点のみ）、この他に二点を加えた一二点が和泉清司編『江戸幕府代官頭文書集成』（文献出版、一九九九年）に収録されている（一五二〜一六三号）。このように、この郷中定書は一二点知られているが、いずれも同様な文面になっている。一例として、『江戸幕府代官頭文書集成』から引用すると（一五七号）、

松笠之郷当成ケ之事、如前々被仰候間、田地荒らさぬ様開発可被仕候、田地荒れざる様於開発者、先々定成ケ之内、少御宥免可有候間、ちんりんいたし候百姓等、いづれもめし返し指南可被仕候、（後略）　（傍点筆者）

という文面であり、傍点を付したように平仮名で「ちんりん」という表記がある。松笠郷宛の他にも五点に「ちんりん」と表記されているが、これは前述の武田家朱印状等を踏まえれば「沈淪」のことであり、百姓等の逃散・逃亡を意味している。

ところで、一二点の郷中定書のうち平仮名で「ちんりん」と記された六点以外では、「ちんりん」の部分の表記として五点に「散隣」、一点に「散憐」とある。このうち賀茂《かも》郡宇佐美郷宛の郷中定書の該当部分は、「散憐致候百姓何茂召返」となっており、『県史』資料編8では、「散憐」に「沈淪」と校訂註を付しているが、おそらく前述した武田家朱印状等にある「沈淪」を踏まえての校訂であろう。これに対し本多隆成氏は、音の共通性から「散憐」を「山林」のことであろうと主張している（本多　二〇〇六年、二六一・二九一頁）。「沈淪」でも「山林」でも、この場合逃散を意味することになるが、郷中定書では「ちんりん」と「散隣（憐）」の両様の表記がなされているのであり、両者の関係についてはさらに検討を要するのではないか。

なお、右の郷中定書に先立ち、天正十八年四月二十三日付で、星屋修理に宛てた本多正信書状（『県史』資料編8、二四二九号）に、「豆州在々小屋入仕候百姓衆罷出、田畑毛等之儀仕付候様ニ可有御肝入候」とあり、伊豆国在々の百姓衆が「小屋入」している様子が記されている。この「小屋入」とは、「小屋籠」「山入」等と同じく、村の城である山小屋への避難行動をいい（藤木　一九八八年・二〇〇六年）、「ちんりん」「散隣」のより具体的な表現であるといえよ

う（本多正信書状と郷中定書については、本多 二〇〇六年、二六一〜二六三頁参照）。

㈡　遁世者

次に掲げる史料は、駿河国富士郡の先照寺に宛てた永禄三年（一五六〇）六月二十四日の今川氏真禁制である（『県史』資料編7、二八〇一号）。

制札　　先照寺

一於寺中幷山林門前等殺生之事、
一竹木見伐之事、付、草木刈取之事、
一当寺領山林放牛馬事、
一遁世者号主人、理不尽加成敗事、
一狼藉之事、
右条々於違犯之輩、註進之上可処厳科者也、仍如件、
永禄三庚申年
六月二十四日　氏真（花押）

この禁制の四ヶ条目に注目すると、「遁世者《とんせいしゃ》」に対して主人であると号して理不尽に成敗を加えること、とある。さらに、永禄五年（一五六二）九月十三日の駿河国富士郡永明寺宛、および同年月日の同郡安養寺宛の今川氏真禁制（『県史』資料編7、三〇七六・三〇七七号）も、右の先照寺宛の禁制と同じ内容であり、やはり四ヶ条目に「一遁世者号主人、理不尽加成敗事」とある。ここにみられる「遁世者」を、仏門に入った者あるいは出家した者ではなく、世俗

から逃れるため寺院に駆け込んだ者と解釈すれば、駆け込んだ者の主人であると言って成敗を加えること、と理解できるのではないか。そして、それを禁止しているということは、先照寺等が「遁世者」を保護すること、すなわちアジール権を今川氏が保障したことになるといえよう。

また、駿河国安倍郡の竜津寺に宛てた天文十二年（一五四三）四月十日の今川義元禁制（『県史』資料編7、一六一七号）に、

一遁世者許容之事、

とあるが、『日本国語大辞典（第二版）』第四巻（小学館）の「許容」に「援護、助勢すること。強く保護すること」とあるように、この場合の「許容」は保護することと解すべきであり、「遁世者」の保護、すなわち竜津寺が駆け込んできた者を保護すること、という意味であろう。先照寺等の場合とも考え合わせれば、遁世者の保護を保障した条文といえるのではないか。さらに、駿河国有度《うど》郡の南海院に宛てた永禄十一年（一五六八）三月二十八日付今川氏真禁制（『県史』資料編7、三四五三号）に、

一雖為如何様之仁、当院内寄宿之事、付、遁世者被相拘（抱カ）之事、

とある「遁世者」を含む付《つけた》り文言も、遁世者を抱えること、すなわち駆け込んだ者を保護することを意味していると理解するのが妥当ではないか。

(三)　悪党・罪科人

龍潭寺宛今川氏真判物に「悪党以下号山林走入之処」とあり、同寺宛徳川家康判物にも同様な文言があることは前述したが、これは龍潭寺に「走入」、すなわち駆け込んだ「悪党」らを保護することを認めた文言であり、龍潭寺の

アジール権を保障したことになる。

遠江国敷智《ふち》郡の妙香城寺《みょうこうじょうじ》に宛てた永禄六年（一五六三）十月十九日の今川氏真判物（『県史』資料編7、三一六二号）によれば、

一寺中罪科人雖令出来、可為当寺計事

とあるが、寺中に「罪科人《ざいかにん》」が「出来」とは駆込があったことを意味し、そうした場合には妙香城寺の計らいを認めるということであろう。駿河国安倍郡の林際（臨済）寺に宛てた元亀《げんき》三年（一五七二）十一月二十四日の武田勝頼判物（『県史』資料編8、五四九号）にも、

一寺領中縦有重科人、尤為不入地之上者、従官職不可有其沙汰、然者自納所堅可被仰付之事、

とあって、寺領中の「重科人」に対する「官職」の介入を禁じ、その理由に「不入地」であることが示されている。これも妙香城寺の場合と同様、林際寺のアジール権を保障した文言といえよう。

また、天文二十四年（一五五五）六月六日付で駿河国富士郡の村山浅間《むらやませんげん》社に宛てた今川義元朱印状（『県史』資料編7、二三八〇号）には、

一悪党の事、前々山中にてあひはからふニ付てハ、可任旧規事、

とあり、同社宛の弘治二年（一五五六）五月二十四日付義元朱印状にも同じ文言がみえ、さらに永禄三年（一五六〇）五月十六日の今川氏真判物、および同十年六月朔日の氏真朱印状にも同内容の文言がある（『県史』資料編7、二三四一・二七五〇・三三九八号）。これらは、いずれも村山浅間社に対し、「悪党」の処置について、これまで同社が執ってきた方法に任せるということである。

さらに、遠江国長上《ながのかみ》郡の蒲惣検校《かばのそうけんぎょう》に宛てた永禄九年五月二十一日の今川氏真朱印状（『県史』資料編7、三三三五号）

には、

遠江国蒲御厨神明領之事、従往古為各別之間、当郷東西之地頭代官、一円不可有其綺、（中略）然者彼神領之内悪党其外罪科人、如前々法度神主可申付者也、

というように、ここでは「悪党」「罪科人」に対する蒲御厨《かばのみくりや》神明社の神主による取り計らいが認められている。村山浅間社の場合とともに、寺院のみではなく、神社もまたアジールの場であったことを示している。

これらの朱印状や判物にある「悪党」や「罪科人」に対する措置は、寺社に駆け込んできた「悪党」や「罪科人」の保護を容認するというもので、寺社によるアジール権を保障したものといえよう。

6 アジール機能とその変容—結びにかえて—

以上、江戸時代の遠江国・三河国においてみられた寺院への駆込（入寺）を示す「山林」という言葉に注目し、雑駁ながら、アジールとの関連においてその意味の変遷を辿ってみた。最後に、簡単にまとめて結びにかえたい。

「山林」の意味を平安・鎌倉時代に遡ると、百姓・住人等あるいは寺僧等の逃散の場としての「山林」（「山野」）という性格がみられた。まさにアジールとしての「山林」といえるが、「山林」そのものは寺院を指すわけではなく、「交山林」という行為も寺院への駆込を意味するものではない。この点で、「「山林」の解釈は、逃げ隠れる行為そのもの」との大石泰史氏の指摘（大石 一九九六年）は首肯できる。「山林」という場、および「交山林」という行為は、寺院アジールとは直接的な関係性を持っていなかったといえよう。

逃散の場としての「山林」は戦国期にも引き継がれるが、その一方で戦国期の東海地域では、「山林」が寺院と密

接に関係していることを示す事例が多くみられた。前述のように、本来「山林」は寺院へ駆け込む（逃げ隠れる）ことを意味したのではないが、戦国期には寺院アジールと結びついて使用されていたのも確かである。

こうして、〝寺院へ山林する〟という表現がなされるようになり、江戸時代においては専ら寺院への駆込を意味するようになったといえる。この点に関し、会津藩の「家世実紀《かせいじつき》」正保《しょうほう》二年（一六四五）三月十五日条および元禄八年（一六九五）三月二十一日条に「山林」の語がみえ、前者には「寺入之事ニ候」と、後者には「此儀寺江罷越慎罷在候事ニ候」と註記が施してあるのは（『会津藩　家世実紀』第一巻一七三頁、同第四巻六一七頁、吉川弘文館）、「山林」が「寺入」と同義に理解されていたことを示している。

東海地域における戦国期のアジールに関わるとみられる諸史料には、龍潭寺・見性寺・先照寺・永明寺・安養寺・竜津寺・南海院・妙香城寺・林際寺といった寺院、村山浅間社・蒲御厨神明社といった神社が登場したが、これらの寺院・神社は、「山林」した者、遁世者、駆け込んできた悪党や罪科人を保護・救済する機能＝アジール機能を有していたといえる。

戦国大名や近世統一政権による禁止や規制によって、アジールは衰退し消滅したといわれており、その根拠となる史料も多く示されている（平泉 一九二六年、田中 一九四〇年、伊東 一九六〇年、網野 一九七八年など）。しかし、神田千里氏は「アジールを禁じた戦国大名の法令を見出すのはさしてむずかしいことではない」「しかしこれらの史料は法令の次元に現れた限りでの、戦国大名のアジールに対する対応である」「アジールを取り締る戦国大名の法令は、一定の制限を設ける以上のものではなく、まして消滅させるものではなかったことが予想されよう」と述べ、僧侶による助命嘆願活動が広く受け入れられ、大名側がそれを認めざるを得なかった点を指摘している（神田 二〇一〇年、一四二〜一四五頁）。本章でみてきたように、遠江国・駿河国においては、寺社側が「山林」した者、遁世者、悪党や罪科人などを保護すること、すなわちアジール権を主張し、戦国大名側もこれを保障した事例が散見するのであり、戦国大名のアジールに対する対応を、禁止・否定といった面からのみ位置づけることへの再考を促すものとなろう。

一方、戦国期には、寺院は悪党や「山林望之者」を保護・救済するアジールとして機能するとともに、「山林」することには謝罪・謹慎、処罰的な性格も指摘できた。すなわち、アジールの最盛期といわれている戦国期において、江戸時代の入寺の機能につながる変容が生じていたことが、東海地域の「山林」を検討する中で指摘できるのである。

第三章　近世における神社への駆込とその機能

1　神社への駆込と「入社」「社入」

駆込寺《かけこみでら》・入寺《にゅうじ》などというように、人々が駆け込む先は寺院であった。とはいえ、前著でも簡単に触れたが、寺院に比べると事例数は少ないものの、神社・神主方への駆込もまたみられた。神主が争論の仲裁・調停に関与している事例も少なくない。そこで本章では、神社・神主に絞って駆込の機能について改めて検討し、地域の紛争解決に果たした神主の役割・機能を明らかにすることとし、まず本節において具体的な事例を紹介することから始めたい。なお、神社・神主方への駆込の場合においても、その機能・性格は寺院の場合と同じであり、⑴謝罪・謹慎の意思表示手段、⑵処罰・制裁手段、⑶救済・調停手段、という三点の入寺にみられる機能・性格が前提になることを、まずお断りしておきたい。

　表2は、これまでに筆者が収集した事例の一覧である。寺院の場合に比べると数ははるかに少ないが、一一件を挙げることができる。No.1は、日田代官所支配の日向《ひゅうが》国児湯《こゆ》郡穂北《ほきた》村の百姓が集団で逃散し、高鍋藩領の高鍋祇園社へ「逃来」したという一件である。No.2は、上野《こうずけ》国勢多《せた》郡西柏倉《にしかしわぐら》村喜惣治娘と東柏倉村文八躮《せがれ》久米八が、「馴合ニ而不

与出仕候上、三夜沢村奈良原出雲守殿江欠入仕候」と、若い男女が神主方へ駆け込んだのであった。No.3では、武蔵《むさし》国秩父《ちちぶ》郡大野《おおの》村で、「悪事道具」の入った胴巻《どうまき》を拾って持ち帰った安左衛門が、村役人の取り調べを受け「早速村内社家主水殿方へ駈込、始末相願夫々御詫呉候様相頼ミ、一同御詫申上候」と、村役人に謝罪し、取り調べを回避しようとした。No.4は、甲斐《かい》国都留《つる》郡下暮地《しもくれち》村銀右衛門の娘を、同村甚兵衛忰伝兵衛が「誘引出」し、「川口村大和方江連参」ったという一件である。No.5は、同国同郡大幡《おおはた》村で、身持不埒《ふらち》や金子差縺《さしもつ》れを問題とされ、村役人から呼び出され、告発されそうになった者が「当村神主様入社致し、并年寄善五左衛門様へ取縺(縋)御侘申入候処、早速御勘弁以御聞済被成下、難有知合(仕)奉存候」と、神主方へ駆け込み謝罪し、告発を免れたのであった。No.6は、同村で土地のことで役所に「駈込訴」をした者が、「幾重ニも御申訳も無之、当村神主様へ入社致、并年寄伝左衛門様へ取縋り御侘申入候処、早速御承知被成下難有奉存候」と、これも神主方へ駆け込み、宥免《ゆうめん》されたという一件である。No.7は、禁酒の誓約を破った同国同郡小沼《おぬま》村の重三郎が、名主の「察当《さっとう》」を受け「御申訳無之候、当神主江入社致、左之名前一同へ申入候処、御承知被下候」と、神主方へ駆け込み謝罪し、宥免されたのであった。No.8〜11として離縁に関わるものをまとめたが、No.8が駿河《するが》国駿東《すんとう》郡竈新田《かまどしんでん》、他は同国同郡山之《やまの》尻村《しりむら》の事例である。いずれも女性が離縁を求めて神社・神主方へ駆け込んでいる。

以上が一一件の概要であるが、これらのうちNo.3・5・6・7は、神主方へ駆け込んで取調や告発を回避し、宥免されている。先に述べた入寺の三つの機能でいえば、(1)に当たる機能といえる。一方、No.2・4は結婚、No.8〜11は離縁に関わる駆込であり、これらは(3)の機能ということができる。No.1も、逃散人が救いを求めて駆け込んだとすれば、(3)の機能ということになる。

さて、表2だけでは決して多いとはいえないが、まとまった事例が得られる地域として、下野《しもつけ》国の黒羽《くろばね》藩領下之庄

駆込先神社・経過等	出　典
高鍋藩領溜水祇園社内へ当初15人、更に11人逃来	『編年百姓一揆史料集成』第4巻
三夜沢村奈良原出雲守殿へ欠入	勢多郡宮城村三夜沢「奈良原安夫家文書」
村内社家主水方へ駈込	比企郡都幾川村大野「森田家文書」4409
娘を誘い出し、川口村富士浅間師職高橋大和方へ連参	『西桂町誌』資料編2、733頁
役場にて取調を受け、当村神主（信濃）様入社	『都留市史』資料編・近世Ⅱ、272頁
御役所への駈込訴を謝罪し、当村神主（信濃）様へ入社	『都留市史』資料編・近世Ⅱ、273頁
察当を受け謝罪し、当神主へ入社	『西桂町誌』資料編2、806頁
女房が風与出、二ノ岡長門守様へ欠入、親元へ渡す	『御殿場市史』第三巻、712頁
女房が欠落、三島へ欠入	『御殿場市史史料叢書』2、72頁
祝言の娘、古沢村丹後へ欠入	『御殿場市史史料叢書』2、161頁
女房が風と出、東田中神主民部殿へ欠込	『御殿場市史史料叢書』2、224頁

（益子・大羽・生田目《なばため》・七井《なない》・深沢・清水の六ヶ村、のちに稲毛田《いなげた》村が加わり七ヶ村）がある。黒羽藩下之庄陣屋の山方奉行の日記「山方御用日記」（明和二年〜明治三年）によって、同地域の「入寺」について検討した井上攻氏は、明和二年（一七七〇）から明治三年（一八七〇）まで、日記の残存期間と同じ期間に、一四二件の事例を抽出している。それらの「入寺」事例をもとに、黒羽藩の林野行政のなかでみられた「入寺」処理は、原則的として〔下知→入寺→御免または処罰軽減〕というプロセスであったと指摘している（井上 二〇〇六年a）。

　そして、井上氏が挙げた一四二件の「入寺」事例のなかには、神主方への駆込も散見される。井上氏の掲げた一覧表から神主方への駆込の事例を拾い出すと、表3のようになる。明和《めいわ》二年から万延《まんえん》元年（一八六〇）まで二七件を挙げることが出来るが、一例として、井上氏が掲げた天保《てんぽう》十一年（一八四〇）二月一日の記事（表2―No.16・17）を引用すると、

一朔日　昨夜堂入江野火仕、立場四分通り焼恐入候旨、
　山守、木村主鈴へ欠入御詫申上ルニ付御免、
一同日　夜中、水ノ木沢野火入、内町両組へ人足廿人申

表2　神社への駆込一覧

No.	年　月　日	国郡村名	所　領	駆込理由
1	宝暦 9. 6. 5・6	日向国児湯郡穂北村	幕領	逃散
2	寛政 7.10.	上野国勢多郡三夜沢村	山城淀藩領	男女馴合不斗出
3	嘉永 6. 3.10	武蔵国秩父郡大野村	幕領	悪事道具所持
4	寛政 2. 2.	甲斐国都留郡下暮地村	幕領	娘誘引出
5	文久 2.12.	甲斐国都留郡大幡村	幕領	差縺処置等閑
6	文久 3. 正.	甲斐国都留郡大幡村	幕領	駈込訴
7	慶応 2. 8.	甲斐国都留郡小沼村	幕領	禁酒違反
8	安永 5. 2.	駿河国駿東郡竈新田	小田原藩領	（離縁）
9	安永 7. 2.	駿河国駿東郡山之尻村	小田原藩領	（離縁）
10	文化元. 7.	駿河国駿東郡山之尻村	小田原藩領	（離縁）
11	文政 8. 6.	駿河国駿東郡山之尻村	小田原藩領	（離縁）

付、十左衛門出ル、風はけしく四分一之焼申候、
山守共恐入、木村へ欠入御詫申上候ニ付差免、
以来、新仕立場野火入之節は寺入無之、差控申
出候様、幸兵衛ヲ以申付候、

とあって、この日二件の駆込がみられたが、ともに野火による火事の発生を受けたものであり、山守が神主木村主鈴方へ駆け込み、「御詫《おわび》」をしたため「差免」になったという。野火が頻繁に発生したためであろうか、二件目の最後にあるように、山方奉行は、今後野火の節は「寺入無之、差控申出候様」と、入寺の必要はなく「差控《さしひかえ》」とするよう申し付けている。

また、嘉永《かえい》四年（一八五一）正月二十六・二十七日の記事（表3—No.22）には、

一廿六日　大羽村山守一同、木村和泉江入社、昨日野火除罷出候処、風ニて吹きはらし火ニ相成恐入候、為御詫罷出候、
一廿七日　右為御詫、和泉又々罷出候間、少々焼之義ニ付差免ス、

駆込先神社・その他
益子村観音寺、同村神主木村若狭守「欠入」「入寺」
益子村観音寺、同村神主木村若狭守「入寺」
大羽村神主黒子主膳（綱神社)、「申訳」
益子村神主大膳「社入」、同鶏足寺「欠入」、正源寺「欠入」
益子村神主木村主鈴（鹿島神社)、「社入」
益子村神主木村主鈴、「欠入」
益子村神主木村主鈴、「社入」
組内は益子村神主木村主鈴、兄は同村観音寺、「欠入」
益子村神主木村主鈴、「欠入」
益子村神主木村主鈴、「欠入」
益子村神主木村主鈴、「入社」
益子村神主木村主鈴、「以詫」
益子村神主木村主鈴、「欠入」
益子村神主木村主鈴、「欠入」
益子村神主木村主鈴、「欠入」
益子村神主木村主鈴、「欠入」
益子村神主木村主鈴、「欠入」「以来……野火之節は寺入無之差控」
益子村神主木村主鈴、「欠入」
益子村神主木村、「欠入」
益子村木村主鈴、「御詫」
益子村神主木村和泉、「欠入」
益子村神主木村和泉、「入社」
益子村鶏足寺、同村神主木村和泉、「欠入」
益子村神主木村和泉、「欠入」「入社」
益子村神主高松万蔵、「差控」
益子村神主木村和泉、「入寺」
益子村神主木村木村将監、「数度御わび」

本社会における仏と神』吉川弘文館、2006年）による。

表3　黒羽藩下之庄における社家への駆込一覧

No.	年　月　日	駆　込　者	駆込理由
1	明和　2. 9	益子村石浪半左衛門一類共	無断製材
2	明和　6. 6	益子村内町藤次郎五人組	売木出入
3	文化　8. 閏2.9	山守政右衛門外一人	野火
4	文政11. 9	柳河岸問屋平右衛門	薪隠匿
5	天保　3. 5.24	久保田船頭利兵衛	濡れ米
6	天保　3. 8.	久保田船頭利兵衛	無断伐木
7	天保　4. 3. 6	生田目村名主組内	過料人足不参
8	天保　4. 7.23	落合村蔵之助組内・同兄	無断売木
9	天保　5. 正. 7	大羽村孫左衛門	薪代延引
10	天保　5. 8. 6	清水村権兵衛	出火
11	天保　5. 9. 5	大羽村役人一統	御林買受人出走
12	天保　5. 9.29	益子村名主共一同	日々の礼怠り
13	天保　6. 正.23	生田目村四郎兵衛外一名	無断伐木
14	天保10. 2.22	（益子村）山守平右衛門	野火
15	天保10. 7.	大羽村源七	炭出帳算違い
16	天保11. 2. 1	（益子村）山守	野火
17	天保11. 2. 1	（益子村）山守	野火
18	天保11. 2.18	久保田船頭与右衛門	濡れ俵炭
19	天保12.11.11	炭焼三郎右衛門外二名	御用炭改不同
20	天保14. 2.	平左衛門外二名	野火の節不参
21	嘉永　3. 4.18	益子村常松外三名	薪指札なく津出
22	嘉永　4. 正.26	大羽村山守	野火
23	嘉永　4.10. 9	生田目村留次	謹慎中帰宅・欠落
24	嘉永　4.10.	稲毛田村七右衛門	御番金遅滞
25	嘉永　6. 8. 3	栗生村佐右衛門	誤伐木
26	安政　6.12.11	栗生村長右衛門	引渡し前伐木
27	万延元. 3.13	市之沢佐市	無断伐木

註　井上攻「下野国黒羽藩下之庄における林野管理と入寺―「山方御用日記」の記載から―」（速水侑編『日

とあり、ここでも野火の発生を受け、山守が神主木村和泉方へ駆け込んだため、木村和泉は陣屋へ「御詫」に出頭し、翌日も「御詫」に出頭すると「差免」が認められた。

なお、前述した入寺の三つの機能に照らせば、表3の事例はすべて(1)の機能に当たるものである。ただし、井上氏によれば、黒羽藩では過失者への処罰として「戸〆《とじめ》」「牢舎《ろうしゃ》」「笹〆《ささじめ》」等があるが（「笹〆」については、本書第一部の付論参照）、それとともに処罰の代替措置として「入寺」「入社」（後述）があるとのことであり、(2)の機能としても適用されていたのである。

ところで、寺院へ駆け込むので「入寺」「寺入《てらいり》」と称したのであるが、神社・神主方への駆込はどのように呼ばれていたのであろうか。先に引用した黒羽藩領下之庄の天保十一年二月一日の事例によれば「山守共恐入、木村へ欠入」とあり、「欠入《かけいり》」と称している。寺院への駆込も「欠入」や「欠込《かけこみ》」という場合が多いが、これと共通する用語といえる。

一方、嘉永四年正月二十六日の記事では「大羽村山守一同、木村和泉江入社」とあって、神社・神主方への駆込であることを明示した「入社」と称している。表3を通覧すれば、「欠入」が多数を占めるが、№.11・22・24には「入社」とある。また、№.4・5・7からは「社入」という表記もあったことが知られる。

このように、寺院への駆込とも共通する「欠入」とともに、神主方への駆込を明示した「入社」「社入」が使われたのであるが、表2からも「欠入」「欠込」「駈込」とともに、甲斐国都留郡大幡村・小沼村の事例であるが、「入社」が使われていたことが分かる。

2　神主による仲裁・訴願活動

㈠　仲裁・訴願活動の展開

入寺を伴う場合にも伴わない場合にも、寺院は争論等の仲裁・調停者としての役割を果たしていたのであり、これを前著では「寺訴訟」と規定した。この点は、神社・神主の場合にも同じことが指摘できる。

前掲表2には、神社・神主方への駆込の事例を示したが、№2についてもう一度触れると、上野国勢多郡三夜沢《みよさわ》村の喜惣治娘と久米八が同村の神主奈良原出雲方へ「欠入」ったところ、「右両柏(西カ)倉村上組若者引合、言争ニ罷成、既ニ出訴ニ茂可及処、右之者共双方江異見ヲ加へ内済仕候」と、奈良原出雲と上組若者とで「言争」になったが、双方に異見を加えて内済《ないさい》にしたという。奈良原出雲宛の済口証文《すみくちしょうもん》には、若者惣代《そうだい》とともに、「扱人《あつかいにん》」のひとりとして「斎藤若狭守」が署名しており、神主が仲裁に関与していたことが分かる。

甲斐国都留郡下暮地村の甚兵衛倅伝兵衛が、銀右衛門娘はなを「誘引出」して「川口村大和方」へ駆け込んだ№4では、「大和より、伝兵衛・はなヲ親共江引渡旨掛合候得共、引取不申ニ付、同人より御支配御役所江訴出候間、双方親共江引取候様被　仰付、甚兵衛は伝兵衛ヲ引取候得共、銀右衛門義はなヲ引取不申、其後御理解之上、銀右衛門方ニ而もはなを引取申候」と、駆け込まれた大和は、それぞれ親元で引取るように掛け合ったが拒否され、代官役所へ訴え出た。代官役所の指示で両名は親元に引き取られることになったが、このあとはなが女子を出産したことから、銀右衛門方でははなを伝兵衛の妻にするよう出訴し縺れることになる。ここではその詳細を語るのが目的ではないので省略するが、結局うまくいかなかったものの、神主大和による仲裁・調停が行なわれたことを確認しておきたい。№2でも、奈良原出雲は同じような仲裁・調停に当たるはずであったろうが、若者（組）との争論になり、その仲裁に他の神主が登場することになったのである。№5・6では、神主「信濃」が「侘人《わびにん》」として詫証文に署名している。

このように駆込に伴って、神社・神主による仲裁・調停が行なわれたのであるが、駆込がなくても、あるいは駆込があったことが明記されていなくても、仲裁・調停に入っている事例は多くみることができる。管見に入った事例を示すと表4のようになる。

表4のうち№1～5は摂津《せっつ》国武庫《むこ》郡の事例であるが、「神主」「宮内」とあるのは、えびす宮総本社として著名な西宮神社の神主吉井宮内（良信）である（№1～5の年月日は、典拠である日記のそれぞれの事例の初出年月日を示し、関係記事はその後にもみられる）。いずれも神主吉井宮内が仲裁・訴願に当たっている事例であるが、№2は宮内に加え円満寺・円福寺・法安寺の三ヶ寺が、西宮町奉行から手錠処分を受けた者の赦免を願い出た一件である。この一件の経過を少しく辿ってみよう。

五月五日に西宮町奉行への「御侘」（赦免歎願）を依頼された宮内と三ヶ寺は、翌六日に町奉行小嶋助八へ参上し赦免を願ったところ、助八から「御聞届」との挨拶があった。しかし、その後何の沙汰も無いので、五月十四日に宮内が内々に尼崎藩寺社役の庄田弥右衛門に事情を話したところ、弥右衛門から「ケ様ノ罪有者願ハ、役所《（西宮町奉行）》より取次ニ而ハ御免不被遊候、深正院頼願候へハ、此方へ被申届候わけも有之候」との示唆を受け、十五日に「三人出家衆、尼崎深正院へ頼候趣宜覚候旨相談いたし」と、三ヶ寺は尼崎の深正院を通じて歎願することとし、翌日尼崎へ出向いたのであった（宮内は上京のため同道しなかった）。深正院は、当時の尼崎藩主桜井松平氏の菩提寺であり、藩主家菩提寺を通じて赦免歎願がなされたのである。そして、五月二十六日になって「今日、御法事ニ御赦免被仰出候」と、藩主家の法事であろうが、それを理由に赦免が認められたのである。前著では、藩主家の菩提寺を通じた罪人の赦免歎願が制度化されていた藩の事例をいくつか挙げた（第五章3）。尼崎藩でも制度化されていたのかどうかは断言できないが、同様な状況が窺われる。

また、No.4で西宮町・広田村等の寄合に「氏子之儀ニ候へハ、宮内儀罷出候」とあり、No.5では水車を設置されては田畑の妨げになることから上ヶ原村が仲裁を依頼した際には「氏子中之事ニ候へハ、出入ニ成候も気毒ニ存候」とあり、寺院の場合には「旦那」「檀家」になるが、ここでは「氏子」であるゆえに仲裁に当たるとされている。先にみたNo.2にも「氏子之儀ニも、又ハ（中略）法安寺旦那ニ而候故（中略）御侘御免之願申上くれ候様頼申候故」とあって、「氏子」「旦那」であることにより仲裁がなされたとされているのである。

No.6は、武蔵国秩父郡大野村で、植林の等閑を糺明された弥左衛門が「入寺身退仕、同寺幷村方神職丹後殿幷金剛院・不動寺相頼、御侘申入候処、格別之以御趣意御赦免被成下、忝仕合奉存候」という。入寺した寺院については「同寺」としかないが、詫証文には金剛寺・不動寺とともに正法寺が連署しており、駆込先は正法寺であろう。ともあれ、入寺して「御侘」したことによって赦免されたのであるが、仲裁者（詫人）のなかに寺院とともに「村方神職丹後殿」とあって、神主が加わっている。No.7も同じ大野村での出来事であるが、「入寺身退仕、同寺幷ニ神職丹後殿相頼、種々御慈悲願仕候処、御聞済ニ相成、難有仕合ニ奉存候」と、駆け込んだのは寺院（詫証文の連署者から不動寺と思われる）であるが、ここでも仲裁に当たって神主丹後が関与している。

No.9は、下総国千葉郡南生実《おゆみ》村で、大雨で流された稲把の見分の際に、村役人に対し「種々過言申上」げた吉太郎が、「御調中親類・組合江御預ヶ被仰付、一同奉恐入候ニ付、依之、村方神主様江相縋り、御詫申上候処、（中略）親類・組合江御預候処御宥免被下置」と、神主を頼って村の処分を宥免してもらったのである。

駆込先神社・経過等	出　　典
神主方へ相越し「助言」を願う→仲裁の条件を示す	『西宮神社御社用日記』第三巻、74頁
宮内方へ奉行への詫びを願い、3ヶ寺へも頼む→赦免	『西宮神社御社用日記』第三巻、190〜194頁
宮内、広田村の大坂番所への出訴を止め、内済を取扱う	『西宮神社御社用日記』第三巻、324〜325頁
宮内、関係町村の寄合に「氏子之儀」ゆえ罷出	『西宮神社御社用日記』第三巻、342頁
宮内、車主の依頼を受け、「氏子中之事」ゆえ仲裁に当たる	『西宮神社御社用日記』第三巻、360〜380頁
入寺、村方神職丹後・金剛院・不動寺を頼み詫び	『都幾川村史資料』4（4）、121頁
（不動寺へ）入寺、同寺・神職丹後を頼み御慈悲願	比企郡都幾川村大野「森田家文書」6972
稲角大隅守、光福寺・光明坊とともに貰下げに当る	『瀬戸田町史』資料編、427頁
村方神主様へ縋り詫びる	『千葉市史』史料編三、382頁
今町神主岩片伊勢守、13ヶ寺とともに歎願	『上越市史』資料編4、490頁
当村寺家・社家詫び→寺社衆・五人組預け	『小平市史料集』第十五集、No.71
寺社衆を頼上げ侘び訴訟	『小平市史料集』第十五集、No.72
当村寺家・社家・組頭中頼入り詫び→地主預け	『小平市史料集』第十五集、No.93
主馬之介等、他組合・近所之衆まで頼み詫び→詮議延引	『小平市史料集』第十五集、No.98
江戸への出訴途中、寺社衆中共詫び→当分披露延引	『小平市史料集』第十五集、No.122
小川寺へかけ込、主馬等を頼み詫び→御免	『小平市史料集』第十五集、No.134
寺社・組頭中・近所・五人組頼み、延引願い→披露延引	『小平市史料集』第十五集、No.152
当村寺社方・組頭・五人組中をもって詫び→村掟用捨	『小平市史料集』第十五集、No.162
小川寺・宮崎内藏之助・山口求馬らの取扱→内済和談	『小平市史料集』第十五集、No.219
入寺し、寺社方願い村中・組頭役人中等に詫び→済	『小平市史料集』第十五集、No.240
寺社方・村役人中等頼み詫び→内済	『小平市史料集』第十五集、No.256
菩提寺へ入寺し、寺社方等立合のうえ侘び→役所披露延引	『小平市史料集』第十五集、No.274
主馬等立入り内済交渉→内済和談	『小平市史料集』第十五集、No.290
寺社方・村役人中頼み詫び→糺明御免	『小平市史料集』第十五集、No.296
寺社方頼み詫び→村仕置として過料	『小平市史料集』第十五集、No.303
村内・寺社方・近村名主中をもって詫び→検使願い御免	『小平市史料集』第十五集、No.306
菩提寺へ入寺し、寺社方・村役人衆を頼み詫び→御訴宥免	『小平市史料集』第十五集、No.315

表４　社家の仲裁一覧

No.	年　月　日	国郡村名	所　　領	駆込・仲裁理由
1	享保　4. 7. 8	摂津国武庫郡広田村	尼崎藩領	畑地出入
2	享保　7. 5. 5	摂津国武庫郡西宮町	尼崎藩領	手錠者御免願
3	享保11. 9.24	摂津国武庫郡広田村	尼崎藩領	失火松林を焼く
4	享保12. 8. 8	摂津国武庫郡西宮町他	尼崎藩領	山論
5	享保13. 3.12	摂津国武庫郡上ヶ原村	尼崎藩領	水車取立出入
6	文政　3. 4.	武蔵国秩父郡大野村	幕領	御林植林不埒
7	文政　5.12.	武蔵国秩父郡大野村	幕領	酒狂雑言
8	文政　6.	安芸国豊田郡荻村	広島藩領	被拘留者貰下ヶ
9	嘉永　4.10.10	下総国千葉郡南生実村	生実藩領	村役人へ雑言
10	慶応元.10.	越後国頸城郡直江津今町	高田藩領	入牢者宿下ヶ
11	貞享　3.閏3.24	武蔵国多摩郡小川村	幕領	博奕宿
12	貞享　3. 4.17	武蔵国多摩郡小川村	幕領	博奕宿
13	元禄　5. 9.28	武蔵国多摩郡小川村	幕領	不届
14	元禄　7. 5.25	武蔵国多摩郡小川村	幕領	小川寺にて博奕
15	元禄15.12.12	武蔵国多摩郡小川村	幕領	親不孝
16	正徳元.12.18	武蔵国多摩郡小川村	幕領	急廻状取扱不届
17	享保15.12.2	武蔵国多摩郡小川村	幕領	出火
18	寛保　4.正.	武蔵国多摩郡小川村	幕領	稼先にて喧嘩
19	宝暦14.正.22	武蔵国多摩郡小川村	幕領	酒狂にて傷害
20	明和　4.10.27	武蔵国多摩郡小川村	幕領	出火
21	安永　3. 4.	武蔵国多摩郡小川村	幕領	出入
22	天明　2.10.8	武蔵国多摩郡小川村	幕領	出火
23	寛政　4. 9.	武蔵国多摩郡小川村	幕領	酒狂にて傷害
24	享和　2. 9.	武蔵国多摩郡小川村	幕領	村内娘に不届
25	文化　5. 5.	武蔵国多摩郡小川村	幕領	賭勝負
26	文化　8. 8. 3	武蔵国多摩郡小川村	幕領	熟酔傷害
27	文政11. 3.14	武蔵国多摩郡小川村	幕領	出火

小川寺へ入寺、寺社方へ願い御訴宥免を願う→御訴勘弁	『小平市史料集』第十六集、No.326
入寺し、寺社方を頼み不調法を詫び→御訴勘弁	『小平市史料集』第十六集、No.335
村方寺社、他立入人の懸合と行違い支配役所へ訴→内済	『小平市史料集』第十六集、No.339
菩提寺へ入寺し、寺社方願い御訴御免を願う→御訴御免	『小平市史料集』第十六集、No.346

No.8は、安芸《あき》国豊田郡荻村下方で起きた騒動の際に、卯兵衛が役元に拘留されたが、「就夫、一昨日光福寺幷稲角大隅、右両人相見へ、右一件拙手ゟ囉ひ下ヶ呉レ候様被相頼候」と、拙手とは光明坊であるが、同人のもとに光福寺と神主稲角大隅がやってきて、同人から卯兵衛を貰い下げて欲しいとの依頼があったという。これも、寺院とともに神主が関与している。No.10は越後国頸城郡直江津今町で、凶作による物価高のなかで小前が大勢で米穀商宅へ押し掛けるという事件が起こり、入牢や手鎖・郷宿預ヶ等の被処罰者を出した一件で、町内の一三ヶ寺とともに「神主岩片伊勢守」が連署して、「右寺社一同奉歎願候」と、入牢者の宿下ヶと手鎖・郷宿預ヶ処分の軽減を求めて、奉行所（高田藩）へ訴え出たものであり、寺院と神社がともに被処罰者の救済に当たっている事例である。

表4では武蔵国多摩郡小川村の事例が多数に昇るが（No.11〜31）、同村では、例えばNo.11の詫証文の文面に「当村寺家・社家達而御侘被成候へ而当分御披露御延、寺社衆幷五人組之者共ニ御預ヶ被下、忝奉存候」とあり、差出人のうちに小川寺・妙法寺と並んで「求馬」「主馬」（社家宮崎氏）が連署しているように、「寺家・社家」による歎願が行なわれ、「寺社衆幷五人組」への「御預ヶ」となったという。他の事例を通覧すれば、小川村では「寺社衆」「寺社方」による仲裁・訴願の仕組みが出来ていたものと推測される。No.6〜10のうちでは、No.9は神主単独のようであるが、他は寺院とともに仲裁や歎願に当っており、神主が寺院とともに仲裁・歎願に当たる場合も多かったのではないか。

次に掲げる史料は、No.9に登場している下総国千葉郡南生実村の文化《ぶんか》十四年（一八一七）の村議

28	天保 6. 3.12	武蔵国多摩郡小川村	幕領	出火
29	天保 8. 5.29	武蔵国多摩郡小川村	幕領	出火
30	天保 10. 7.22	武蔵国多摩郡小川村	幕領	密会疑惑
31	天保 12. 9.11	武蔵国多摩郡小川村	幕領	出火

定である（『千葉県史料』近世篇・下総国下、三一三頁）。

村内評議申合役法議定之事

（中略）

一不依何事、於不調法成事は、村内外之諸人ニは勿論、男女子供ニも致詫言、誤り可申事、詫言致方之事、俗ニ言壁訴訟成致詫言、事乱立テ申間敷事、詫言致様之事、先於大方之事は近所・組合・村内之諸人等相頼、詫言いたし内済可致事、若不相調時は、村内一統をも相頼可申候、其外寺社方相頼候義は、無此上も重キ事可為候事、右之通順達、筋違成詫等一切致間敷候事、

（後略）　（傍線筆者、以下同じ）

この議定書で南生実村は、「詫言致様」＝歎願の仕方について、近所・組合・村内の諸人等を頼む→村内一統を頼む→寺社方を頼むという手順を踏むこととし、寺社を通じた仲裁・歎願は「無此上も重キ事」としている。既に前著で触れたように、村内での問題解決の手続きを定めたものとして興味深いが、ここでは傍線部分に「寺社方」とあるように、寺院・神社による仲裁・歎願が村議定として明文化されている点に注目したい。

㈡　仲裁・訴願の規制と終焉

寺訴訟の展開とともに、その規制も広くみられたが（前著参照）、神主による訴願に対しても次に掲げるような規制がみられる（『新編　一宮市史』資料編七、一二三頁）。

一惣而不似合于神職、俗方ニ立交、肝煎・請合等之儀、可為無用事、

これは、元禄《げんろく》七年（一六九四）十一月の尾張藩の「覚」のなかの一ヶ条であるが、神職が俗方に交って「肝煎《きもいり》・請《う》合《あい》」を行なうこと、すなわち仲裁や訴願することを「無用」としている。この時、同時に同内容の寺院宛の「覚」も発令されており、神社・寺院それぞれに対し仲裁・訴願活動の禁止を命じているのである。同じ「覚」が、以後も何度か発令されており、寺社による訴願活動が止んでいないことを窺わせる。

次に、三河《みかわ》国吉田藩の場合について、明和《めいわ》六年（一七六九）三月の「吉田寺社被　仰出」（『豊橋市史』史料編三、一〇一～一〇二頁）に、

一公事訴訟人、或ハ科有之ものかくまい置、又は扱取持等、一切可為無用、無拠訳正しき義は、可依其品事、

とあることが知られる。「寺社」一括の対象であるが、駆込人の庇護や仲裁・訴願が禁じられている。さらに、寛政《かんせい》六年（一七九五）二月に、下野国吹上陣屋《ふきあげじんや》が発布した触書をみてみよう（『鳩ヶ谷市史』史料三、七～八頁）。

（前略）

一小百姓之女房・娵抔夫を蔑し、或は家業怠家出致、近村之富家又ハ寺社なとへ欠込候得ハ、抱置取持縁伐きらせ候類有之候ニ付、自与女房共我儘成不届之至り候、以来欠込女を抱置候ものは、吟味之上咎可申付候、但、親之手元ニ差置候娘を、不儀ニ而誘引出し寺社抔江預ヶ候を、預り或は取持世話致候ものハ、厳敷咎可申付候、勿論寺院抔は、猶更女之儀携り申間敷候、

（中略）

寅二月

吹上
役所

右に引用した箇条では、小百姓の女房などが縁切りのために「寺社なとへ欠込」み、寺社がそれを「抱置」いて「取持」＝仲裁し、縁を切らせていることがあるとして、今後「欠込女」を抱え置くことを禁止している。但書でも、寺社が不儀に誘引出された娘を預かり、「取持世話」をすることを厳禁しており、寺院・神社による仲裁・訴願活動を規制する内容となっている。

ところで、右の触書を前著では、武蔵国足立郡辻村の村議定として取り上げ、村による寺訴訟規制の事例としたが（二六八・一七五・二三七頁）、これは吹上陣屋の触書が辻村の御用留《ごようどめ》に書き写されたものであり、実は同村の村議定ではないとの指摘を受けた（加藤 二〇〇六年）。すなわち、村による規制ではなく、領主による規制の事例ということになり、この点をここに訂正しておきたい。

江戸時代における領主による寺訴訟（神社も含む）の規制方針は、明治政府にも引き継がれ、明治二年（一八六九）二月に北奥《ほくおう》県は、次のような「社家制法」を発令している（『野辺地町史』資料編一七、二二三〜二二四頁）。

条々

（中略）

一神職之者として百姓・町人之公事訴訟に携る事、堅く禁之、

（中略）

右条々、是社家永世之制法たり、聊不可違背者也、

明治二年巳五月

北奥県

このように、神職が百姓・町人の公事訴訟に携わることを禁じた条文を含む法令である。北奥県の発令であるが、この「社家制法」と同時に出された「寺院制法」（同上）では、「右、従太政官被　仰出候事」とあり、太政官《だじょうかん》からの命令で発令されたことが記されている。「社家制法」も当然同じことであろう。この北奥県のほかにも、明治二年に下総国若森県、同年三月に京都府、同三年八月に名古屋藩、同年月に徳島藩で、同様の「社家制法」「寺院制法」が発令されていることが確認でき（前著二四九頁）、太政官命令＝全国法令であることが分かる。

そして、明治四年二月の入寺が最後の事例であり、明治零年代の後半以降入寺はみられなくなる。これをもって前著では、「明治国家による一元的な法体系の整備にともなって、近世的な村の〝自治〟と幕藩領主の内済原則のもとに存続していた入寺は、歴史の表舞台からの退場を余儀なくされた」（二五〇頁）とまとめたが、これは入寺の終焉であるとともに、寺院・神社による仲裁活動の終焉でもあった。

3　戦国期における神社アジール

駆込の源流は、中世におけるアジールに求められるのであり、日本において最も一般的なアジールは寺院であった（寺院アジール）。しかし、神社もまた駆込の場であり、アジールであった（神社アジール）。日本におけるアジールおよびアジール研究の動向については、本書第一部第一章をご覧いただくとして、本節では戦国期における神社アジールについて瞥見《べっけん》し、前節でみた近世における神社・神主方への駆込の源流を探ってみたい。

それでは、平泉澄氏や田中久夫氏による成果（平泉　一九二六年、田中　一九四〇年）によりながら、戦国期における神社アジールに関わる史料を確認しておこう。

次の史料は、明応《めいおう》九年（一五〇〇）から永正《えいしょう》十五年（一五一八）の間に制定されたといわれる相良氏法度のうちの一条である（佐藤進一他編『中世法制史料集』第三巻、二九頁）。

一寺家・社家によらず、入たる科人之事、則さまをかへ追出されへし、誡於重罪者、在所をきらはす成敗あるへし、

このように、寺家であっても社家であっても、駆け込んできた科人《とがにん》は追い出し、重罪を犯した者は成敗すること、と規定している。アジールを否定する内容であるが、寺家とともに社家が対象になっている。

次に掲げるのは、平泉氏が引用する永禄《えいろく》五年（一五六二）に、越後国魚沼郡土川村上弥彦《かみやひこ》神社神主宛に上杉輝虎が発給したとされるものである。

今度上弥彦大明神陣中御来現之旗眼前拝、忽得勝利、晃運之至、十八末社加勢之神力故遂本望、治国随悉意、実令貴感、百余貫紀内、縦重罪之儀成共殺生停止、不入諸役幷末社御供田壱町八段地付置候、後代武名信者為伝謂如此、弥々可有祈念丹誠者也、

永禄五壬戌歳九月十三日　　輝虎花押

神主　戸内権太大夫（ママ）

新編会津風土記（巻百八）

上杉輝虎が、戦勝を謝して弥彦神社に対し諸役不入を認め、御供田《ごくうでん》を寄付した証文であるが、傍線部分にあるように、重罪人の殺生を停止するという文言がある。平泉氏は、この証文自体は偽文書であるが、アジールの思想を背景にしたものと指摘されている。

次いで、田中氏が引用しているが、永正八年（一五一一）に二階堂山城守に差し出された「初」という女子の下部契約状といわれるものがある。

永正八年辛未乃飢饉たるによつて、あさ名初と申女子、年廿二歳に罷成候を、永代に二階堂山城守殿うちさまに、飢饉相伝の下部と身をはめ（嵌）申候事実也、右件御下部と罷成候うへは、於以後に違乱妨を親類・兄弟なとゝて申者あるましく候、若にけはしり（逃走）候て、いかなるけんもん（権門）・高家・神社・仏寺の御領内に罷入候共、以此状御さた（沙汰）あるへく候、其時一儀一口之あらそひ申へからす候、仍為後日証文如件、

永正八年辛未十月廿一日　　初（略押）

二階堂山城守殿御うちさまへ申上候

飢饉によって「初」が二階堂山城守の下部となる契約を結んだというものであるが、真偽はともかく、傍線部分に「二階堂山城守方から出奔し、権門・高家・神社・仏寺の領内に駆け込んでも…」とあって、神社が寺院等とならんで駆込先であったことが示されている。

次に、石清水《いわしみず》八幡宮《はちまんぐう》の祝詞のひとつから一部を引用してみよう（『大日本古文書　家わけ四　石清水文書』一、二五号）。

（前略）①山内若波神領乃庄苑尓居住乃輩、若有留犯過時、縦綸言乎被下トモ、宮寺乃司尓不被下知、廷尉輙ク不追捕、是則神威無止奈利、神人乃罪科乎可犯尓波安良須、愚昧乃輩此旨乎不存、或波強窃乃犯乎奈志、或波鈫害乃事乎企留物粗アリ、又公地尓吉て成犯ハ②暫も為逃罪乎来隠ル輩有、如此輩乎波、春日乃消凍、秋風乃払雲コトクシ天、③他方尓追却給天、前過アヤマリヲ悔比、後犯ヲ不成シ天、慈悲乃心尓令住給へ、神人乃中に若同意乃者アラハ、神境乎払給天、神罰乎当給へ、又或以謀告天人乎入罪尓、或以虚誕天人乃短乎顕輩乎も、同払却給倍志、大菩薩此状乎平安久聞食天、上自官長下神戸乃百姓マテ尓、夜守日守に守幸へ給へト恐々毛申、（後略）

この祝詞は、鎌倉初期のものといわれるが（横田 一九八七年）、傍線部分①によれば、「山内や神領に住む者が罪を犯した時、たとえ「綸言《りんげん》」があっても、「宮寺の司」の命令なくして、「廷尉《ていい》」は勝手に追捕《ついぶ》できない」とある。また、傍線部分②には、「罪を逃れるためやって来て隠れる者がいる」とあり、ともに石清水八幡宮のアジールとしての性格を示していよう。

石清水八幡宮に限らず、祇園社や高野山・比叡山・興福寺・東大寺等も「無縁所」であったといわれ（伊藤正敏 二〇一〇年）、これら大寺社の寺社アジールを指摘できる。こうした中央の大寺社でなくても、例えば駿河国富士郡村山《むらやま》浅間《せんげん》社に宛てた天文《てんぶん》二十四年（一五五五）の今川義元朱印状に、

一悪党の事、前々山中にてあひはからふニ付てハ、可任旧規事、

とあって、駆け込んだ「悪党」の扱いについて旧来の規則に任せるとある。他に、同社宛の弘治《こうじ》二年（一五五六）の今川義元朱印状、永禄三年（一五六〇）の今川氏真判物《はんもつ》、同十年の同人朱印状にも同文言があり、今川氏が村山浅間社のアジール権を保障しているといえる。さらに、永禄九年の遠江《とおとうみ》国長上《ながのかみ》郡蒲惣検校《かばのそうけんぎょう》宛の今川氏真朱印状には、「彼神領之内悪党其外罪科人、如前々法度神主可申付者也」とあって、駆け込んだ悪党や罪科人を神主が従来の法度に従って処理することを認めており、やはり今川氏による蒲惣検校のアジール権を保障したものといえる（本書第一部第二章**5**参照）。

4 アジールの変容と駆込の「場」—結びにかえて—

以上、本章においては、神社もまた中世以来アジールであったのであり、神社も寺院とともに近世における駆込の

場として機能していたことを確認した。勿論、中世・戦国期のアジールがそのまま存続したわけではなく、寺院の場合と同様に、三つの機能に分化し、変容して存続したといえる。

また、神主は、駆け込んだ者を受け入れるとともに、広く争論の仲裁・調停、訴願に携わる活動を展開していた。その場合、神主単独の場合もあるが、寺院とともに仲裁・調停等に当たっている場合も多くみられた。

神社・神主方への駆込の呼称としては「欠入」「欠込」等、寺院の場合と共通する用語が使われるとともに、「入社」「社入」といった神社特有の用語が用いられてもいた。

さて、こうして神社・神主方への駆込をみてきて注意すべきは、個別の史料においては、寺院と一緒に「寺社方」などと記されるのを除き、ほとんどの駆込先の表記が「奈良原出雲出雲守殿江欠入」、「社家主水殿方へ駆込」、「川口村大和方江連参」、「二ノ岡長門守様へ欠入」、「古沢村丹後様へ欠入」、「東田中神主民部殿へ欠込」、「村方神職丹後殿」、「神職丹後殿」、「光福寺幷稲角大隅右両人」などと記されているように、「社家」「神主」「神職」の個人名になっているか、あるいは「当村神主様入社致し」、「当村神主様へ入社致」、「当神主へ入社致」、「村方神主様江相縋り」などとなっていて、いずれの場合も神社名ではない点である。

この点から、何がいえるであろうか。すなわち、神社（の境内）という「場」ではなく、「社家」「神主」「神職」という「人」のもとに駆け込んで、謝罪の仲介あるいは保護・救済を求めた、ということが指摘できるのではないか。

前著に対して、井上攻氏が「入寺は寺社という聖域空間（場）に入り機能するのか、僧や神主という宗教者に庇護されて機能するのか」と指摘され（井上　二〇〇六年）、菅野洋介氏は「本書では入寺には僧侶が必要不可欠であり、無住においては成立しないと示された。また、「入社」文言にみられるように神社や神職のあり方、さらには修験の関与が重要視されている」と述べ（菅野　二〇〇七年）、宗教者個人の役割の重要性が指摘されている。この点では、入寺は寺院（の境内）という「場」へ駆け込んだだけでは成立せず、住職という「人」の受け入れ承諾があって成立することを本書第二部第三章で論じたが、同様に、神社（の境内）という「場」への駆込の場合にも、神主という「人」の受け入れ承諾によって成立することを示している。逆にいえば、神主がいない神社への駆込は成立しなかったということになる。

横田光雄氏は、前掲石清水八幡宮祝詞のなかの傍線部分③の文言を引用して、「聖域にして外部検断権の及ばぬ地に遁入しただけではだめなのである。ここに出家を「たのむ」理由があろう」と述べて、中世のアジールにおいて「たのむ」という言葉が逃亡下人・科人の保護を求める意味で用いられ、僧侶・神官を「たのむ」ことによって庇護が与えられ、アジールとして完成するのではないかとしているのも（横田 一九八七年）、「人」の関わり方を示唆しているといえるのではないか。寺院の場合は、ほとんど「〇〇寺へ入寺」となっているが、「〇〇寺」という表現が住職個人を意味しているといえるのであり、神社の場合はそれが直接神主名として表現されたといえよう。

神社・神主方への駆込の事例は、寺院の場合に比べ圧倒的に少ない。寺社への駆込が、紛争の内済原則と連動して、謝罪・謹慎の意思表示の手段＝〈詫びの作法〉として機能したこと、また、領主側に処罰あるいは処罰の代替措置として取り入れられたことにより、村社会のなかで多数の事例を残すことになったが、そうしたなかで寺院への駆込が多数に昇る要因には、檀家制度・寺請制の強制・普及も与って大きかったのではないか。逆に、神社・神主方への駆込が少ないのは、村の鎮守社の多くは専従の神主を持たなかった点も挙げられるかも知れない。とはいえ、数は少ないながら、神社・神主方への駆込も確実にみられたのであり、規制する側から「寺社」として捉えられる場合が多いのも、駆込の場として寺院と同等に位置づけられていたことを示していよう。村社会における駆込先として、また駆込の有無に拘らず仲裁・訴願活動を通じて、神社・神主の果たした役割・機能も小さくなかったと思われる。

付論　「篠(笹)を引く」ことの意味
――その近世的変容――

1　「篠(笹)を引く」とは

「篠《ささ》(笹)を引く」あるいは「篠(笹)引」という言葉をご存じだろうか。かつて中世アジールの在り方に関わって、「篠を引く」という行為をめぐり、黒田日出男・勝俣鎮夫・峰岸純夫らの各氏による議論があり（峰岸 一九九三年参照）、のちに池田寿氏も言及している（池田 一九九八年）。

そうした議論において、「篠を引く」「篠引」ということが、人々の「逃散」を意味することでは共通の理解になったといえるが、笹を引いて屋敷内に閉じこもるのか（逃げない逃散）、家を閉じて立ち退くのか（逃げる逃散）、という点で解釈が対立していた。しかし、その後は清水克行氏による検討があるものの（清水 二〇〇八年）、ほとんど忘れられたかの感がある。

さて、ここでは、このような中世の「篠を引く」「篠引」をめぐる論争に加わろうとするものではない。「篠を引く」「篠引」という行為が、近世史料においても見出せることを紹介し、近世における「篠(笹)を引く」「篠(笹)引」

の性格・機能について検討を加え、中世から近世へと受け継がれた言葉と、その意味の変容について考えようとするものである。

2　村の仕置／領主の刑罰

宝暦《ほうれき》九年（一七五九）四月、武蔵《むさし》国多摩郡小川村で、駄賃《だちん》銭の支払いをめぐって争論が起った。兵蔵が駄賃銭の支払いを渋ったため、催促に来た八右衛門らが兵蔵の家財を持ち出すなどの「狼藉《ろうぜき》」を働いたということの事件は、役所へ訴え出ることなく内済《ないさい》になったが、この時「村仕置《むらしおき》」として次のような処分がなされた（『小平市史料集』第十五集、二〇四〜二〇七頁）。

八右衛門「日数十五日之間、笹引、家内相慎、何方えも罷出申間敷候」
乙　八「十日之間、笹引、家内相慎、何方へも罷出申間敷候」
権　平「五日之間、笹引、家内相慎、何方へも罷出申間敷候」
小川寺家来等七人の主人「三日之間、笹引、遠慮致し」
兵　蔵「五日之間、笹引、相慎、遠慮、何方へも罷出申間敷候」

「頭取同前之致方」とされた八右衛門が一五日間、他は一〇日間・五日間・三日間、そして兵蔵も五日間、「笹引」をして家内で謹慎し、外出を禁ずるというものであるが、ここに「笹引」とある点に注目したい。

小川村では、宝暦十四年（一七六四）正月に、五兵衛の倅《せがれ》七之助が、酒狂のうえに権之丞娵れんをノミで疵《きず》つけるという事件が発生するが、七之助方から権之丞方へ誤証文と療治代三両を差し出すことで内済となった。ところが、

この済口証文《すみくちしょうもん》のほかにもう一点の証文（『小平市史料集』第十五集、二六〇〜二六一頁）があり、それによると一ヶ条目に、

　一五兵衛倅七之助儀（中略）御上ヲも不奉恐、村中ヲもさわがせ候義、不埒至極之義ニ付、為向後之、門口え篠ヲ引候様御申付被成、則篠ヲ引候所（後略）

とあり、七之助は「篠ヲ引」ことを申し付けられたのである。ところが、後略部分によれば、七之助が「篠ヲ引」いたところ、こうなっては当人はもちろん、権之丞や親類の長右衛門までも「迷惑」とのことで、五人組ともども寺社・村役人を頼んで「右御咎之義御免」を願い、前述のように誤証文と療治代三両で内済となったのであるが、ともあれ「篠ヲ引」ことが村の「御咎《おとがめ》」とされているのである。なお、「門口え篠ヲ引」と、「篠ヲ引」場所を「門口」としていることからは、峰岸氏が「篠竹を斜めに交叉させて戸口や門口に立てたのではないだろうか」（峰岸　一九九三年）と述べているのと同様な様子が窺える。

　右の二件のほかにも、さらに二件ばかり事例を目にしたので、次にそれを紹介してみよう。まずは、明和《めいわ》元年（一七六四）十二月、武蔵国入間《いるま》郡岩岡新田《いわおかしんでん》の紋右衛門が、同郡北田新田平左衛門の野山で竹束を盗み取った一件である（『所沢市史』近世史料Ⅰ、五二二頁）。紋右衛門は、過料金と証文を内分に差し出し済まそうとしたが、名主に糾問され「永々笹御引被成、組合江御預ヶ」と申し渡されており、ここでも村によって、「笹御引」という処罰がなされていることが知られる。

　次の事例は、嘉永《かえい》三年（一八五〇）八月に、武蔵国川越《かわごえ》藩領の同国入間郡中富村で村の講金勘定をめぐって騒動が起こり、訴訟にまで発展し、翌四年三月に御白洲《おしらす》で裁許《さいきょ》が言い渡されたという一件である（『所沢市史』近世史料Ⅱ、二八四〜二八七頁）。この裁許のなかで、関係者に「入牢」「押込」「慎」「急度《きっと》叱《しかり》」「追払」などの処罰が命じられたが、同村名主三上平八には「役儀取揚、笹引戸〆申附候」、百姓庄兵衛には「笹引戸〆申附候」と、両人は「笹引戸〆」

に処された。「戸〆」という表現から、戸口に笹を立てたものと思われる。それとともに、この事例では御白洲で「笹引」が申し渡されていることから、領主（川越藩）による処罰として「笹引」が適用されたといえる。

以上のように、中世においては逃散を意味する「篠を引く」行為が、近世には村の仕置とされるとともに、領主側の刑罰としても用いられていたことが指摘できる。

3　黒羽藩の刑罰と「笹締」

次に、下野《しもつけ》国黒羽《くろばね》藩の場合をみてみよう。同藩には、「笹〆（締）」「笹」と称する刑罰があったが、これについては同藩の「賞罰例類」を利用した古城正佳氏による検討がある（古城 二〇〇五年）。また、井上攻氏も、刑罰としての「入寺」を検討するなかで、その存在を指摘している（井上 二〇〇六年a）。そこで、同藩の「山方御用日記」（曽根 二〇〇五年）によって、二件の具体例を紹介してみよう。

①一切米山、前役只右衛門相払候処、買主治右衛門、但従弟之惣内与申者へ遣候由、右惣内売境を越候而過木伐候ニ付、詮議之上、惣内十五日日切手錠申付、元買主治右衛門七日之笹申付候、（表5 No.4）

②一大羽村文助屋敷表ニ而、杉一本盗伐致候付、吟味遂、山守共五日笹〆三人、孫兵衛儀者、日前之事ヲ不存候段調法（不脱カ）、依之、七日笹〆、文助七日戸〆、弥次兵衛ヲ以申付候、（表5 No.6）

このように、①は山の境界を越えて材木を伐採した惣内が「手錠」に処されるとともに、山の買主治右衛門が七日の「笹」を申し付けられたという一件である。②では、杉の盗伐に関わって山守三名が五日の「笹〆」、孫兵衛が七日の「笹〆」処分を受けている。表5に示したように、「山方御用日記」（明和二〜安永《あんえい》八年）からは、「笹」が四件、

表5　「黒羽藩山方日記」にみる「笹」「笹〆」処分一覧

No.	年　月　日	処分理由	処分内容	頁数
1	明和 4.2.5	役目勤方無念・麁末	名主「笹」、山守2名「笹」	13頁
2	明和 4.2.12	大羽組谷井田村伐木出入	3名手鎖、其外「笹」	14頁
3	明和 6.4.2	上深沢村山守不願伐木見逃し	山守5日「笹」	31頁
4	明和 7.2.13	売境を越し伐木	伐木人15日手錠、元買主7日「笹」	39頁
5	安永4.3.(11ヵ)	はか之挽割無沙汰	7日「笹〆」	71頁
6	安永 6.正.	大羽村文助屋敷杉盗伐	山守3名5日「笹〆」、2名7日「笹〆」	76頁
7	安永 7.11.	盗売木	3名手錠、山守2名5日「笹〆」	77頁
8	安永 7.12.16	野場御林境争論にて相違申聞	（山守）下役「笹〆」（5日）	78頁

註　曽根總雄編『黒羽藩　山方日記』壱（東海大学文学部日本史研究室内曽根研究室、2005年）による。

「笹〆」が四件抽出できるが、古城氏のいうように、手錠や戸締とともに拘束刑のひとつと位置付けられよう。ただし古城氏は、笹締は「笹で両手を縛る刑罰ではなかったか」と述べているが、戸締などの用法をも勘案すれば、刑罰として家内に閉じ込めるのに際し、〝笹〟でそのことを表示したものではないか。とすれば、近世における「篠(笹)を引く」「篠(笹)引」のバリエーションのひとつと考えられるであろう（黒羽藩の関係史料については、井上攻氏のご教示を得た。記して謝意を表したい）。

4　「篠(笹)を引く」ことの変容

峰岸純夫氏は、中世に限らず幅広く事例を検討しており（峰岸 一九九三年）、近世に関しても、十七世紀後半の越前《えちぜん》国福井藩では、年貢皆納が困難になった百姓の田畑に「笹を引く」とか、地頭が「立毛に笹を引かせ」といった事例がみえ、これは年貢確保のために家屋・田畑・作毛（農作物）などの財産保全を目的とした点定《てんじょう》・検封《けんぷう》＝差し押さえ（立入禁止）行為であるという。さらに峰岸氏は、上野《こうずけ》国群馬郡植野村で、検地の際に村々が領主から「笹引役」に召し連れられたという事例も紹介しているが、田畑に笹を引くということとの関連が想起される。

また、貞享《じょうきょう》三年（一六八六）の武蔵国都筑《つづき》郡平尾村と片平村・古沢村との入会地争論の関係史料（落合 二〇〇六年）から、平尾村が「入相（会）之場へ新境ヲ立、笹引申、不入申」、これに対し片平・古沢両村も「平尾村へ押込、新境引、笹立申」と、互いに新たな境界を設定しているが、これに「笹引」「笹立」という行為が伴っていたことが知られる。すなわち自己の土地を囲い込み、権益を確保するための行為を「笹引」「笹立」と称している。

ここにもうひとつの機能が指摘できる。すなわち、中世における「篠を引く」「篠引」という行為が、家を閉じる、閉鎖するということであり、その起源が領主による点定・検封であるとすれば（峰岸 一九九三年、清水 二〇〇八年）、そうした流れのなかで、近世においては年貢や権益の確保のため土地等を囲い込む行為として機能したといえる。

その一方で、前述のように、村や領主による制裁・刑罰のなかに取り入れられたのである。入寺においても、本来のアジールの機能が変容して、ひとつの機能として村や領主による制裁・刑罰の手段となったのであるが、これと同じことが「篠（笹）を引く」「篠（笹）引」にもいえそうである。

なお、群馬県各地では、葬儀の時に神棚に「笹を引く」「笹引」ということが行なわれている（『群馬県史』資料編26民俗2、一二四四～四五頁）。これも峰岸氏が触れているが、神棚の前に二本の笹の先を斜めに交叉させるというもので、神に死の穢れに触れさせないためであるという（峰岸 一九九三年）。「篠（笹）を引く」「篠（笹）引」は、また別の意味合いをもって、現代社会にまで受け継がれていたことになる。

第Ⅱ部

近世村社会と入寺の諸相

第一章　村の出火処理と火元入寺

はじめに

江戸時代における広範な「入寺《にゅうじ》」の展開について、前著において全国的視野から検討を加え、そのなかで火元《ひもと》が出火（失火）に対して謝罪・謹慎の意を表し入寺する「火元入寺」に注目し、これが処罰・制裁として機能していたこと、すなわち幕府は出火に対する刑罰の代替措置として入寺を位置付けていたこと、また正式な処罰またはその代替措置として刑罰規定のなかに入寺を取り入れていた藩も多かったことを明らかにした（前著第三章4参照）。

しかし、前著では主として領主による法的措置（処罰）という視点から火元入寺を取り上げたために、その一方で村における内々の出火処理としても入寺があったのであるが、この点にはほとんど言及することができなかった。そこで、本章では入寺を伴う村内限りの出火処理についていくつかの村の事例を紹介し、火元入寺の在り方について補足することにしたい。

1　上野国緑埜郡三波川村の場合

まず、上野《こうずけ》国緑埜《みとの》郡三波《さんば》川《がわ》村（群馬県藤岡市三波川）を取り上げることにしたい。同村は幕領であり、一一の枝郷《えだごう》からなる山間村落である。同村の火元入寺については一六件の発生が知られ、それらの処理に関わって残された関係史料をまとめると表6のようになる。表示のように、三波川村で出火処理に関わって作成された文書は、出火届を始めとして九種類が知られるが、それぞれの文書について、サンプルとして一点ずつ掲示したので適宜参照されたい（後掲〔史料A～I〕）。

なお、表6の一六件は居宅からの出火の事例である（後掲表7・8も同じ）。居宅以外に、炭焼きの火が漏れ山林を焼いた火事が一件あるが、「宗善寺江入寺致、御詫申候所ニ、御済被下忝存候」と、この火事も名主宛に詫証文《わびしょうもん》が差し出され村内限りで処理されている（「飯塚馨家文書」9502）。

さて、表6では、出火処理のあり方が二つに分けられることを示した。すなわち、ⓐ村内で処理された場合（№1～8）、およびⓑ代官所へ届け出られた場合（№9～16）である。ⓐの場合は、火元が入寺すると村役人による吟味《ぎんみ》が行なわれ、火元から名主・組頭宛の火元申口《もうしくち》（史料F）が作成される。そして、寺院が仲介に入って、村当局との間で赦免交渉が行なわれ、火元・五人組から寺院宛の火元誓約書（史料G）、寺院から名主宛の扱証文（史料H）、火元・五人組から名主・組頭宛の詫証文（史料I）が作成され、こうした経過を経て村内での処理が終了する、という一連の手続きが窺える。

一方、ⓑの場合は、村役人から代官役所へ出火届書（史料A）が出され、その後村役人から代官役所へ入寺御免願書（史料B）が出されていることが窺えるが、これは幕領でとられていた出火処理手続きに則った措置といえる。さらに、No.14によれば、類焼人から名主・組頭宛の、火元に対して申分はなく処分を承諾する旨の証文（類焼人承諾書、史料D）、および入寺御免請書（史料E）もみられるが、この入寺御免請書には類焼人の承諾文言と連印が含まれている。また、史料Dは、代官所への届出から始まる一連の手続きのなかで、村内で執られた処理を示すものといえる。

では、ⓐの場合とⓑの場合とでは、どのような違いがあるだろうか。表6をみる限り、ⓐは類焼がなかった場合で、ⓑは類焼があった場合という傾向が窺える。ⓐの場合、「右之趣名主・組頭中ゟ早速御支配御役所江御訴可申御断之所（中略）類焼等茂無之」（No.1火元誓約書）とか、「右出火江戸御役所迄御訴可被成段御尤ニ候得共（中略）類焼等も無之」（No.5寺院扱証文）とあるように、本来代官所へ訴え出るべきであるが、類焼もないので寺院の扱いを受け入れて内々の処理で済ませた、ということである。

ただし、No.8のように、類焼があったのに村内限りで処理されている事例

類焼人承諾書	火元申口	火元誓約書	寺院扱証文	火元詫証文
名主・組頭宛	名主・組頭宛	寺院宛	名主宛	名主・組頭宛
	○	○	(○)	
	○		○	
			○	○
		○		○
	○		○	○
	○	○		○
				○
				○
○				
				○

くなどの不備があり、下書等と思われるもの。文書番号は、次のとおり。No.6＝5124、5122、5123、No.7＝5603、No.8＝6306、No.9＝3088、No.10＝3101、No.

表6　上野国緑埜郡三波川村の出火処理関係史料一覧

No.	出火年月日	類焼	入寺寺院	出火届書 代官役所宛	入寺御免願書 代官役所宛	入寺御免請書 代官役所宛	赦免請書 代官役所宛
1	宝暦 2.10.26	なし	金剛寺				
2	宝暦 6.4	なし	東養寺 寿命寺				
3	安永 8.3	なし	正覚寺				
4	寛政 3.4	なし	金剛寺				
5	寛政 5.5.5	なし	西光寺				
6	寛政 5.12.27	なし	金剛寺				
7	享和元 .7. 晦	なし	宗善寺				
8	慶応 3.3.20	1軒	来迎寺				
9	宝暦 6 閏 11	1軒	金剛寺		○		
10	安永 4. 閏 12.23	3軒	金剛寺	○			
11	安永 5.11.1	1軒	来迎寺	○			
12	天明元 .8.17	なし	来迎寺	○			
13	天明 4.12.24	4軒	東養寺	○	○		
14	寛政 13.2.6	14軒	(入寺)	(○)		(○)	
15	弘化 2. 正	なし	(入寺)				○
16	慶応 2.6.13	土蔵	金剛寺	○		○	

註　群馬県藤岡市三波川「飯塚馨家文書」(群馬県立文書館寄託)による。(　)を付したものは、差出・宛所を欠1=3214、3084、5149、No. 2=3140、3083、No. 3=5544、3224、No. 4=5130、5146、No. 5=5127、5126、5128、No. 11=3150、No. 12=3220、No. 13=3165、3185、No. 14=5573、5572、5568、No. 15=3199、No. 16=7783

もある。この火事の火元詫証文には火元のほかに類焼人・村役人等が連署しており、金剛寺・来迎寺が奥書を加えている。この場合、「金剛寺様門前百姓ニて、火元者勿論冨蔵共、木小屋同様聊之住居ニて極く貧窮」と、火元・類焼人とも金剛寺の門前百姓であったため、類焼があったにも拘わらず代官役所に届け出なかったのであろうか。この詫証文には寺院の奥書があるなど、No.3〜7の火元詫証文とは異なる点があり、例外的な扱いであることを示している。

逆に、No.12は、類焼がなかったにも拘らず代官役所に届け出ている事例であるが、他の出火届書と特に変わった文言もなく、なぜ届け出られたのか不明である。No.15は、寺院が焼けた火事であったからであろうか。この史料（史料C）には、勘定奉行の申渡しによって赦免されたことが記されており、何らかの事情で勘定所の判断を仰ぐ事態になったものと思われ、例外的な措置といえる。書式もやや特異である。No.16は、土蔵を焼いただけの火事であるが、盗賊による放火が火事の原因であった。しかし、火元は「心付方不行届」として入寺したのであり、この場合は放火が絡んだ一件であるため代官役所に届け出たと考えることができよう。この件では、〔史料J〕として掲げたように、届書と入寺御免請書が同じ日付で作成され、この二種の文書を写した後に詫証文を載せ名主・組頭宛に差し出されている。おそらく、出火届書と入寺御免請書は一紙に記され、代官役所宛に差し出されたのであろう。ともあれ、放火という特別な状況のもとで執られた措置であり、作成された文書といえよう。

以上のように、例外はみられるが、三波川村では類焼がなかった場合には村内限りで処分を済ませ（ⓐ）、類焼があった場合や特別な理由があった場合には代官役所に届け出る（ⓑ）という方式が、判明する限り宝暦期以降執られていたといえる。そして、村内での処分に当たっては、一定の手続きが定められ、それに沿って〔史料F〜I〕に例示したような文書が作成されていたのである。

2　上野国甘楽郡西牧領村々の場合

次に、同じ上野国のうち甘楽《かんら》郡西牧《さいもく》領村々（群馬県甘楽郡下仁田町）の場合をみてみたい。関係史料の一覧を表7として掲げたが、関係する村々はすべて幕領である。表示のうち、No.2の恩賀村での火事の詫証文は、火元・五人組・証人（組頭・百姓代各一名）が差出人で、宛所を欠くがおそらく名主に宛てたものと思われ、類焼人の奥書がある。そ

表７　上野国甘楽郡黒川村等の出火処理関係史料一覧

№.	出火年月日	村　名	類焼	入寺寺院	史料形式	出　　典
1	元文 4.12.18	黒川村	2軒	長興寺	出火届書（代官役所宛）	7644
2	安永 9.7.11	恩賀村	1軒	観福寺	詫証文（類焼人奥書あり）	3269
3	安永 9.12.1	恩賀村	5軒	観福寺	詫証文（類焼人奥書あり）	2962
4	天明 3.12.6	黒川村	1軒	長楽寺	詫証文（類焼人奥書あり）	2078
5	天明 5.正.6	本宿村	10軒	観福寺	詫証文／類焼人承諾書	7649-2／7649-1
6	寛政 3.正.25	黒川村	6軒	長楽寺	詫証文／類焼人承諾書	7650／7652
7	亥 12.27	本宿村	あり	永寿寺	詫証文	3271

註　群馬県甘楽郡下仁田町「神戸金貴家文書」（群馬県立文書館寄託）による。出典欄は、同家文書の文書番号。№.1以外の史料はいずれも宛所の記載を欠く。

して、文面に「御注進可被成旨被仰聞、御訴被下候而者迷惑ニ御座候間、御訴之儀何分御差止、内々ニ而御済被下度、観福寺へ入寺仕、度々御詫言仕候得者、御用赦被下忝奉存候」とあるように、代官役所には届り出ずに村内で内々に処理したのである。また、類焼人の奥書は「前書之通、私方も類焼仕候得共、八兵衛方へ恨申分無御座候間、奥印差出申候」というもので、火元に対する処置を承諾するというものである。№.３・４も同様に類焼人承諾奥書を持つ書式である。

一方、№.５・６は本宿村および黒川村での火事であるが、この二件には火元の詫証文とともに、赦免承諾書ともいうべき類焼人・立会人等が連署した証文も残存し、詫証文に「類焼之もの得心之上、内々ニ而御済被下忝存候」（№.５）とあり、赦免承諾書にも「御訴可被成旨被仰聞候得共、御注進被下候而ハ、類焼之者難儀之上迷惑ニ御座候間、御訴之儀者御差止メ可被下候、（中略）内々ニ而御済被成候旨、類焼之者一統得心」（№.５）というように、類焼人から内々で赦免することの承諾を取っており、№.２〜４にみられた類焼人の奥書が独立した証文となっているのである。奥書形式から別紙形式へと変化した、と断言するには事例が少ないが、少なくとも火元の詫びと類焼人の火元処分承諾がセットとして位置付けられていたといえよう。

ただし、№.１のように代官役所宛の出火届書もあり、前述の三波川村でもみられたが、幕領での出火届書と同じものである。また、№7の詫証文の文面には「入寺仕（中略）段々御詫言仕候得共、御役所様ゟ御免不被遊候内ハ、御承引難被成被仰候由ニ付」とあり、この火事も代官所へ届け出られたようである。しかし、「右御寺幷与頭中御詫言ニ而、内々ニ而御免忝奉存候、（中略）御役所様ゟ御免無御座候内ハ、家作支度等決而仕間敷候」と文面は続き、代官役所からの処分が下る前に村内限りで赦免しており、それが発覚しないようにであろうか、代官役所からの正式な赦免があるまでは家作に取り掛からないとしている。

いずれにせよ、西牧領村々では、代官役所に届け出た場合もあるが、基本的に村内限りで処理していたといえる。これら一連の西牧領村々の火事ではいずれも類焼があり、三波川村の場合とは異なり、類焼があっても村内限りで処理していたのである。

なお、表7に示した以外に、西牧口留番所《くちどめばんしょ》が焼失した火事があり、下番人二名が入寺謹慎していたが、「五十日ニ相成候ニ付、此節御赦免成被下候段被仰聞」と、五〇日経ったので赦免になり、代官役所宛に請書が差し出されている（「神戸金貴家文書」1860）。口留番所の火事とあっては、内々の処理では済まなかったのであろう。

3　武蔵国多摩郡小川村等の場合

以上、ともに上野国であるが、入寺を伴う出火処理が村内限りで行なわれていた事例をみてきた。同様に、村内限りで処理されていた事例として、次に武蔵国多摩郡小川村（東京都小平市）について簡単にみてみたい（表8）。小川村も幕領であり、明治初年には韮山《にらやま》県管下となる。小川村では火事の関係史料は元禄《げんろく》三年（一六九〇）から知られ、類焼の有無に関わりなくいずれも村内限りで処理されているが、火元入寺が明記されるのは宝暦《ほうれき》四年（一七五四）の

表8　武蔵国多摩郡小川村の出火処理関係史料一覧

No.	出火年月日	類焼	入寺寺院	史料形式	出典
1	宝暦 4.11.7	なし	小川寺	詫証文（名主宛）	第 15 集、169 号
2	明和 4.10.25	1 軒	（小川寺）	詫証文（名主宛）	第 15 集、240 号
3	天明 2.10.7	なし	菩提寺	詫証文（名主宛）	第 15 集、274 号
4	文政 11.3.13	なし	菩提寺	詫証文（名主宛）	第 15 集、315 号
5	天保 6.3.10	1 軒	小川寺	詫証文／類焼人承諾書（名主宛）	第 16 集、326 号／327 号
6	天保 8.5.27	なし	（入寺）	詫証文（名主宛）	第 16 集、335 号
7	天保 12.9.10	なし	菩提寺	詫証文（村役人中宛）	第 16 集、346 号
8	天保 14.2.9	2 軒	菩提寺	詫証文（村役人中宛）	第 16 集、355 号
9	天保 14.4.7	なし	（入寺）	詫証文（村役人中宛）	第 16 集、357 号
10	天保 15.2.16	なし	（入寺）	詫証文（村役人中宛）	第 16 集、359 号
11	天保 15.7.2	なし	菩提寺小川寺	出火届書（同年 7 月 8 日付、代官役所宛）	第 16 集、361 号
12	弘化 2.4.18	なし	（入寺）	詫証文（村役人中宛）	第 16 集、364 号
13	嘉永元 .10.12	1 軒	（入寺）	詫証文・類焼人承諾書（村役人中宛）	第 16 集、375 号
14	安政 5.11.6	なし	菩提寺	詫証文（名主宛）	第 16 集、386 号
15	万延元 .9.22	なし	菩提寺	詫証文（名主・村役人中宛）	第 16 集、391 号
16	万延 2.2.26	なし	菩提寺小川寺	詫証文（名主・村役人中宛）	第 16 集、392 号
17	万延 2.7.25	なし	菩提寺	詫証文（名主・村役人中宛）	第 16 集、395 号
18	文久元 .12.28	なし	菩提寺	詫証文（村役人中宛）	第 16 集、396 号
19	文久 3.5.15	なし	菩提寺	詫証文（名主・村役人中宛）	第 16 集、402 号
20	慶応 3.9.18	なし	菩提寺	詫証文（名主・村役人中宛）	第 16 集、408 号
21	慶応 3.11.9	1 軒	菩提寺小川寺	詫証文・類焼人承諾書（名主・村役人中宛）	第 16 集、410 号
22	明治 2.11.16	1 軒	菩提寺	詫証文（名主宛）	第 16 集、412 号
23	明治 4.2.23	隣家物置	（入寺）	詫証文（名主宛）	第 16 集、425 号
24	11.24	なし	菩提寺	詫証文（名主・村役人中宛）	第 16 集、446 号

註 『小平市史史料集』第 15・16 集による。出典欄は、同書の掲載史料番号。

火事（No.1）であり、以降は二件（子供が火元、辻堂の出火）を除いて火元の入寺が行なわれている。これらの火事では、名主・村役人に詫証文を差し出すことで代官役所への届け出を延引（事実上の中止）する措置がとられている（齋藤悦正 一九九九年）。

ただし、一例のみであるが代官役所へ届け出られた事例がある（No.11）。天保《てんぽう》十五年（一八四四）七月二日の火事で、火元は小川寺へ「入寺」したが、七月八日に代官役所へ届け出ている。類焼はなく高札場も無難で人馬怪我もないというのに、なぜ届け出たのであろうか。火元が組頭だからか（村役人が火元の火事はこれ一件）、あるいは届出が出火の六日後になっており、この間に村内限りの処理で済まない事情が発生したのかも知れない。

ともあれ、例えば「村中・隣村迄為相騒候段恐入候ニ付、直様提善（ママ）寺へ入寺相慎罷在、和尚様へ相願御詫申入候処、村方仕来之通御聞届、取片付御申渡忝奉存候」（No.18）と、火元が入寺し寺院を介して詫びることが「村方仕来」とあり、小川村では、代官役所へ届け出る場合もあるが、類焼の有無に拘わらず村内限りの処理が原則であったといえる。明治二年十一月の火事（No.22）の詫証文にも「格別御勘弁を以、村方仕来之通」との文言がみられる。

なお、その他の地域について若干付言しておけば、信濃《しなの》国伊那《いな》郡福島村（長野県伊那市）では、明和《めいわ》九年（一七七二）の議定書《ぎじょうしょ》のなかで、

一火難之節、火元ノ者寺入可致也、然共寺も遠方、猶以難儀筋ニ候得者、時ノ相談次第也、

（『長野県史』近世史料編第四巻（二）南信地方、一〇一七頁）

と、出火に対する罰則として「寺入」を定めるとともに、村内で「相談」して火元の処分が行なわれていたことを窺わせる。

同国佐久《さく》郡御所平《ごしょだいら》村（同県南佐久郡川上村）で、天保十三年（一八四二）正月に起こった二件の火事では、火元から

村役人への口書に、菩《ぼ》提所《だいしょ》へ「入寺」した旨とともに、(a)「入寺之所、御下ヶ願之段、偏ニ奉頼入」、(b)「不調法之段ハ、幾ニも御免可被下候」と、ともに赦免を願う旨が記されている。(a)は類焼なし、(b)では二軒の類焼があったが、どちらも火元に対する村内での処理を示していると思われる。これに対し、同村での安政《あんせい》五年（一八五八）の火事では、村役人から代官役所へ届け出られており、類焼のあった天保十三年の火事(b)との処理の違いの理由は明記されていないが、火元を含め二〇軒が焼失した「大火」であったためであろうか（『川上村誌』資料編御所平林野保護組合文書下、七九八・七九九頁、八〇一〜八〇三頁）。

下野《しもつけ》国山田村では、天保七年（一八三六）に出火の届出の「日数等閑」、および「（火元が）入寺罷仕を、村役人共限差免」したことを咎《とが》められた火元と名主が、勘定奉行から処罰されている（『徳川禁令考』後集第三、三八五頁）。

出羽国村山郡大石田《おおいしだ》町（山形県北村山郡大石田町）の事例では、

一（明和七年）六月十一日昼時、組下久兵衛木屋ゟ出火有之候所、早速相しつ（鎮）まり候、此節名主庄兵衛留主ニて三太郎罷越、

（中略）庄兵衛儀義留主ニ御座候へとも、久兵衛入寺為致申候、

十二日、庄兵衛罷帰り候処、三太郎取斗ひ、十三日ニ久兵衛入寺相ゆる（免）し申候、尤長瀞へも無沙汰ニいたし候間、尾花沢御手代衆へ御かく（隠）し被下候様ニ、半右衛門殿・太右衛門殿へ申合候、

（『大石田町立歴史民俗資料館史料集』第一集、三九頁）

と、名主が留守中であったが火元に「入寺」させ、名主が帰村後に「入寺相ゆるし」ている。この際「尾花沢御手代衆へ御かくし被下候様ニ」と申し合わせているが、別の火事でも「（火元の）長兵衛儀乗船寺ニ入寺仕候、廿二日までニ相ゆるす、扨尾花沢御役所ハ内々ニ而、宇右衛門殿切ニ而相済申候」とある（『大石田町立歴史民俗資料館史料集』第一集、八九頁）など、代官役所に届け出ないで村内限りで処理した事例もみられる。これらの場合は、前述した三波川

村・西牧領村々・小川村の場合とは事情は異なると思われるが、村役人による手限りの処理が行なわれていたことを示している。

おわりに

前著で明らかにしたとおり、火元入寺の史料はほとんどが代官役所・領主役所宛の出火届書であり、三波川村の場合でいえばⓑに当たるものである。これは、出火に対する刑罰あるいはその代替措置として入寺が定められていたからに他ならない。その一方で、本章でみたように村内限りで処理が行われていた場合もあったのである。本章では、主に上野国三波川村・西牧領村々、および武蔵国小川村の事例を紹介したが、それぞれの方式で村内限りの処理が行われていたといえる。とりわけ三波川村では、処理手続きに伴って細かな文書の作成がなされていたことが知られ、史料学的な観点からも注目されよう。

〔史料A〕出火入寺届書（代官役所宛）（表6No.13）

乍恐以書付申上候

一当十二月廿四日夜四っ時、当村百姓左七与申もの家出火仕候、右出火之儀、其夜者枯木等焚、爐之近所ニ而麦抔引罷有候所、木綿着江飛火いたし候哉、又者たはこ（煙草）之火ニ而茂落候哉、存不申寐入候得者、居間へ置候木綿着物よりもへ（燃）立出火罷成、隣家又六・長次郎・孫兵衛・茂兵衛四軒類焼仕候、左七儀も相働候得共、消候儀及かね声を立候得者、其夜者東西風有之候得共、村中之もの欠着火消留申候、尤、人馬ニ怪我も無御座候、左七無

調法至極迷惑奉存、当村東養寺江入寺仕候、依之、御訴申上候、以上、

天明四年辰十二月

上州緑埜郡三波川村

名主 与市
組頭 藤右衛門
同 利右衛門(印)
同 儀右衛門(印)
同 八郎左衛門(印)
同 太郎左衛門(印)
同 友右衛門(印)
百姓代 甚半(印)

前沢藤十郎様
御役所

(群馬県藤岡市三波川〈群馬県立文書館寄託〉「飯塚馨家文書」3165)

〔史料B〕入寺御免願書(代官役所宛)(表6 No.13)

乍恐以書付奉願上候

一上州緑埜郡三波川村百姓左七儀、去十二月廿四日出火致、類焼四軒御座候ニ付、火元左七儀者、同村東養寺江入寺仕、其段奉訴上相慎罷有候所、是迄相慎日柄も相立、殊ニ全手あやまち《（過）》ニて出火致候儀無相違、類焼人共

中分無御座候間、左七儀出寺被仰付被下置候ハヽ、難有仕合奉存候、以上、

上州緑埜郡三波川村
名主　与　市
組頭　嘉兵衛（印）
百姓代　金兵衛（印）

天明五年巳正月

前沢藤十郎様
御役所

（群馬県藤岡市三波川〈群馬県立文書館寄託〉「飯塚馨家文書」3185）

〔史料C〕赦免請書（代官役所宛）（表6 No.15）

差上申一札之事

当村真言宗来迎寺ゟ致出火候一件、御吟味御伺之上、中坊駿河守（広風、勘定奉行）様御下知之趣、左之通被仰渡候、
一沢吉・忠兵衛儀、火之元之儀ハ情々可入念処、裏口物置小屋ゟ及出火、類焼ハ無之とも、兼而心附方等閑故之儀、不埒ニ付急度可被仰付処、其節ゟ入寺罷有候上ハ、此上御咎之不被及御沙（汰脱カ）ニ段被仰渡候、
右被仰渡之趣、一同承知奉畏候、依御請証文差上申所、如件、

弘化二巳年正月十九日

当御代官（所脱カ）
上州緑埜郡三波川村
百姓　沢　吉

同　忠兵衛

村役人惣代
名主　与一郎

林部善太左衛門様
御役所

（群馬県藤岡市三波川〈群馬県立文書館寄託〉「飯塚馨家文書」3199）

〔史料D〕　類焼人承諾書（名主・組頭宛）（表6 No.14）

一札之事

一当二月六日昼四つ時、市右衛門火元ニ而、本家・添家共ニ家数三拾壱軒焼失仕候ニ付、右之段村役人中ゟ早速御訴被成候所、全ク市右衛門儀手あやまち無調法ニ紛無御座、入寺仕相侘候上ハ、何ニ而も怪敷儀も無御座候間、類焼之（者脱カ）共儀も出火之初発得与存罷有候ニ付、一流（統）時節之難与相諦メ、類焼ニ付憤りヶ間敷儀無御座候ニ付、外類焼之もの共儀ハ、はい（灰）寄セ・小屋掛ヶ等致候様相願申候、右出火ニ付以来申分無御座候、以上、

寛政十三酉年二月八日

甚兵衛（印）
庄　蔵（印）
喜兵衛（印）
伝　蔵（印）
甚右衛門（印）

長右衛門（印）
又左衛門
忠右衛門（爪印）
伊右衛門（爪印）
助右衛門（爪印）
佐治右衛門（爪印）
幸　介（爪印）
重左衛門（爪印）
四郎左衛門（爪印）
金右衛門（印）
平　八（印）

名主・組頭中

但シ、七人印形類（焼）失仕候間、爪印仕候間、追而新印相願可申候、以上、

（群馬県藤岡市三波川〈群馬県立文書館寄託〉「飯塚馨家文書」5568）

〔史料E〕入寺御免請書（名主・組頭宛カ）（表6 No.14）

一札之事

一拙者儀、当二月六日四つ時致出火、類焼（焼失カ）拾五軒御座候ニ付早速入寺仕、其段　御役所江御訴被成候所ニ、拙者

無調法手あやまちニ而致出火候儀相違無之ニ付、日柄も相立候ニ付入寺御免之御願相叶、出寺仕難有奉存候、然上ハ、向後猶又火之元大切ニいたし候様ニ被申渡致承知候、右類焼人共、市右衛門手あやまちニ而致出火候儀相違無御座候ニ付、申吩無之候、為其一札仍如件、

寛政十三酉年二月廿一日

市右衛門（爪印）
類焼 四郎左衛門（爪印）
甚兵衛（印）
庄蔵（印）
伝蔵（印）
甚右衛門（印）
長右衛門（印）
又左衛門（印）
忠右衛門（爪印）
伊右衛門（爪印）
助右衛門（印）
佐治右衛門（爪印）
幸介（爪印）
喜兵衛（印）
重左衛門（爪印）

○宛所を欠く。

組合　金左衛門（印）

（群馬県藤岡市三波川〈群馬県立文書館寄託〉「飯塚馨家文書」5572）

〔史料F〕火元申口（名主・組頭宛）（表6 No.1）

一昨廿六日夜四つ半時分、拙者家出火仕候ニ付、御尋御座候、　儀左衛門申口

此儀、拙者幷家内之者、かきけづり《掻削》四つ時迄罷有、其間色々之木ヲ焚、其内ニぬるで《白膠木》・栗抔焚候、尤、ぬるで・栗者はね候木ニ候間、其火居間ニのし置候たはこ《煙草》之上江とび候を存不申、火仕廻ふせり《臥》申候所ニ、右之たはこゟもへ立、拙者目覚けし可申与存候得共、萱家之儀直ニもへ付、及兼声ヲ立候得ば、隣家・近所之者不残欠着、家踏潰早速火消、類焼等も無御座候、勿論、あやしき子細も無御座、手あやまちニ御座候、

右出火之儀、何ニ而茂あやしき子細御座候哉、御尋御座候得共、拙者無調法ニ而、手あやまちニ紛無御座候、以上、

儀左衛門（印）

宝暦二年申十月廿七日

名主・組頭中

右儀左衛門口上、拙者共立合承候所、相違無御座候、以上、

儀左衛門五人組　長兵衛（印）

同　五左衛門（印）

同　伊左衛門（印）
同　伊右衛門（印）
同　三太郎（印）
　　利右衛門（印）
　　馬之助（印）

（群馬県藤岡市三波川〈群馬県立文書館寄託〉「飯塚馨家文書」8214）

〔史料G〕火元誓約書（寺院宛）（表6No.4）

一札之事

一拙者儀、此度手過ニ而出火仕不調法ニ付、則時ニ入寺仕御詫御頼申候、尤、名主・組頭中ゟ吟味請候処ニ、何ニ而茂怪敷儀無之、拙者手過不調法申訳無之、右之趣名主・組頭中ゟ早速御支配御役所江御訴可申御断之所、右入寺御頼申候砌、貴寺ゟ茂御詮儀之通、人馬怪我茂無御座候、早速近所之もの走付家打潰し火消候故、類焼等茂無之、手あやまち何ニ而も怪敷儀無之旨、御聞済之上御訴之段御詫被下、若重而御詮儀茂有之候ハヽ、貴寺御出申訳可被成段御引請、内々ニ而御済被下忝存候、然上ハ、向後火之元随分大切ニ可仕候、為其一札仍如件、

寛政三年亥四月　幸八（印）
直右衛門（印）
利兵衛（印）
又右衛門（印）

忠　介（印）
佐　七（印）
三之介（印）
金兵衛（印）

金剛寺

（群馬県藤岡市三波川〈群馬県立文書館寄託〉「飯塚馨家文書」5130）

〔史料H〕寺院扱証文（名主宛）（表6 No.3）

一札之事

一次兵衛出火故、拙寺方江入寺致候ニ付、其旨相届申候所ニ、右出火江戸御役所迄御訴可被成段御尤ニ候得共、右次兵衛儀小家（屋）同前之小家、則時ニ打潰火消、類焼等も無之、何ニ而茂怪敷義茂無之、手あやまち無調法ニ付、右御役所江御訴之儀拙寺貰ひ相済申候、向後火之元猶又大切ニ致候様ニ可申渡候、以上、

安永八年亥三月　正覚寺（印）

名主
与　市殿

（群馬県藤岡市三波川〈群馬県立文書館寄託〉「飯塚馨家文書」5544）

〔史料I〕火元詫証文（名主・組頭宛）（表6 No.4）

一札之事

一拙者出火之儀、先達而御吟味之節申候通り、何之怪敷儀茂無之、手過ニ紛無御座、不調法至極申分無之、則時ニ金剛寺江入寺致御訴詔申候所ニ、右出火御代官様迄御訴可被成候得共、近所之者走付家打潰し、早速火消類焼等も無之、勿論人馬怪我も無御座候ニ付、内々ニ而御済被下忝存候、向後火之元大切ニ心附候様被申渡、逸々致承知候、為其一札仍如件、

寛政三年亥四月

幸　八（印）
直右衛門（印）
利兵衛（印）
又右衛門（印）
忠　介（印）
佐　七（印）
三之介（印）
藤四郎（印）
善右衛門（印）
半兵衛（印）
源　八（印）

名主・組頭中

右出火之儀、御代官様迄御訴可被成候得共、幸八申候通何之怪敷儀茂無之、手あやまちニ紛無御座候、殊ニ早速家打潰し火消留、類焼等茂無之ニ付、内々ニ而御済被成候、向後村中火之元大切ニ猶又相守可申候、已上、

定　八（印）
新　平（印）
金兵衛（印）
儀左衛門（印）
利右衛門（印）

（群馬県藤岡市三波川〈群馬県立文書館寄託〉「飯塚馨家文書」5146）

〔史料J〕出火届書・入寺御免請書・詫証文（表6No.16）

乍恐以書付御届奉申上候

上州緑埜郡
三波川村
百姓
太　吉

一焼失
土蔵壱ヶ所　間口弐間
奥行弐間半

右三波川村役人惣代名主見習卯吉奉申上候、昨十三日暁七つ時頃、前書太吉居宅脇土蔵内ゟ出火いたし候ニ付、鳴立候処、近家其外之もの共駆付相防候得共、折節風烈敷消留り不申、土蔵ハ勿論入置候穀物、其外衣類等迄及焼失、尤、居宅其外無難ニ候間、鎮火後始末太吉江承糺候処、右者盗賊仕業与相見へ、土蔵壁壱尺四五寸四方切破り候得共立入兼、火を付逃去り候様子之旨申之、併、太吉義心付方不行届段奉恐入、村内菩提寺宗善寺無住ニ付、本寺村方金剛寺江入寺相慎罷在、且、右ニ付御高札無難、人馬怪我等無御座候、依之、此段書付を以御届ヶ奉申上候、以上、

右三波川村
百姓
太吉代兼
村役人惣代
名主見習　卯吉

慶応二寅年
六月十四日

岩鼻
御役所

前書之通り訴上候処、全盗賊仕業ニ相違無之上ハ、太吉義ハ今日ゟ入寺御免被仰付、此上共精々穿鑿仕、手懸り有之候ハヽ、早速可訴出旨被仰渡、承知奉畏候、依之、継添御請書差上申所、如件、

慶応二寅年六月十四日
右　卯吉

岩鼻
御役所

私義、去ル十三日暁七つ時頃、居宅脇土蔵中ゟ出火いたし候ニ付、驚入鳴立候得ハ、近家其外駆付相防呉候ニ付、居宅無難、且、右出火之義不審ニ存、五人組・村役人中一同御立会御改請候処、土蔵北裏之方壁土際ゟ弐尺程上り切破り有之候得共、中ニ入置候穀箱ニ当り○盗賊立入兼、火を付ヶ逃去り候義ニ相違無之相見へ候ニ付、其段御支配　岩鼻御役所江前書之通御訴被成下候処、右始末逸々御糺之上○○御見分ニも可相成処、全盗賊仕業ニ相違無之上ハ、御慈悲を以入寺御免被仰付、右盗賊行衛之義ハ此上無油断穿鑿仕、聊たりとも手懸り有之候ハヽ、御訴可申上旨、被仰渡之趣被申聞一同承知奉畏候、然上ハ、親類・組合一同申合精々穿鑿仕、手懸り相知次第御届可申上候、且、心付方不行届故出火相成候段奉恐入、金剛寺江入寺相慎罷在候処、早速入寺御免被仰付候段被仰渡之趣、是又難有奉存候、

以来火之元大切ニ心付候様可仕候、依之、一同連印仕継添御請一札差出申処、如件、

慶応二寅年
六月十六日

右
太　吉（印）
親類 権之助（印）
五人組 瀧　蔵（印）
同 小左衛門（印）
同 亀右衛門（印）
年寄 義左衛門（印）
組頭 惣　七（印）

与一郎殿

前書之通、相違無御座候、以上、

寅六月十六日

金剛寺（印）

（群馬県藤岡市三波川〈群馬県立文書館寄託〉「飯塚馨家文書」7783）

第二章　陸奥国守山藩における「欠入」と「入寺」

はじめに

陸奥《むつ》国守山《もりやま》藩は、元禄《げんろく》十三年（一七〇〇）に、水戸《みと》藩の連枝《れんし》として松平頼貞が藩祖となって成立した二万石の小藩である。そのうち一万八〇〇〇石余、村数にして三〇ヶ村が陸奥国田村郡の守山地方に所在し、守山陣屋《しんや》の支配を受けた（図参照、後に舞木《もうぎ》村が上舞木村と下舞木村に分村して三一ヶ村）。

この守山藩守山陣屋の公務日誌である「守山藩御用留帳《ごようどめちょう》」（以下、「御用留帳」という）が、元禄十六年（一七〇三）から慶応《けいおう》三年（一八六七）まで一四一冊残されており、現在郡山《こおりやま》市歴史資料館の所蔵となっている。この「御用留帳」には、夙に阿部善雄氏が検討され（阿部 一九六五年、同 一九八一年、同 一九八五年）、近年では成松佐恵子氏らが分析されているように（成松 二〇〇六年）、領民の寺院への駆込《かけこみ》（欠入《かけいり》）の事例が豊富に記録されている。

阿部氏の研究は、守山地方における「欠入」のありようを、「御用留帳」全体から拾い上げた豊富な事例によって分析されたものであり、成松氏らの成果は文化・文政期を中心としたものであるが、本章では特定の年次を取り上げ、一年間に起こった寺院への駆込を詳しく追うことによって、守山藩における「欠入」と「入寺《にゅうじ》」について改めて検証

守山領三十ヶ村図（享保年間）

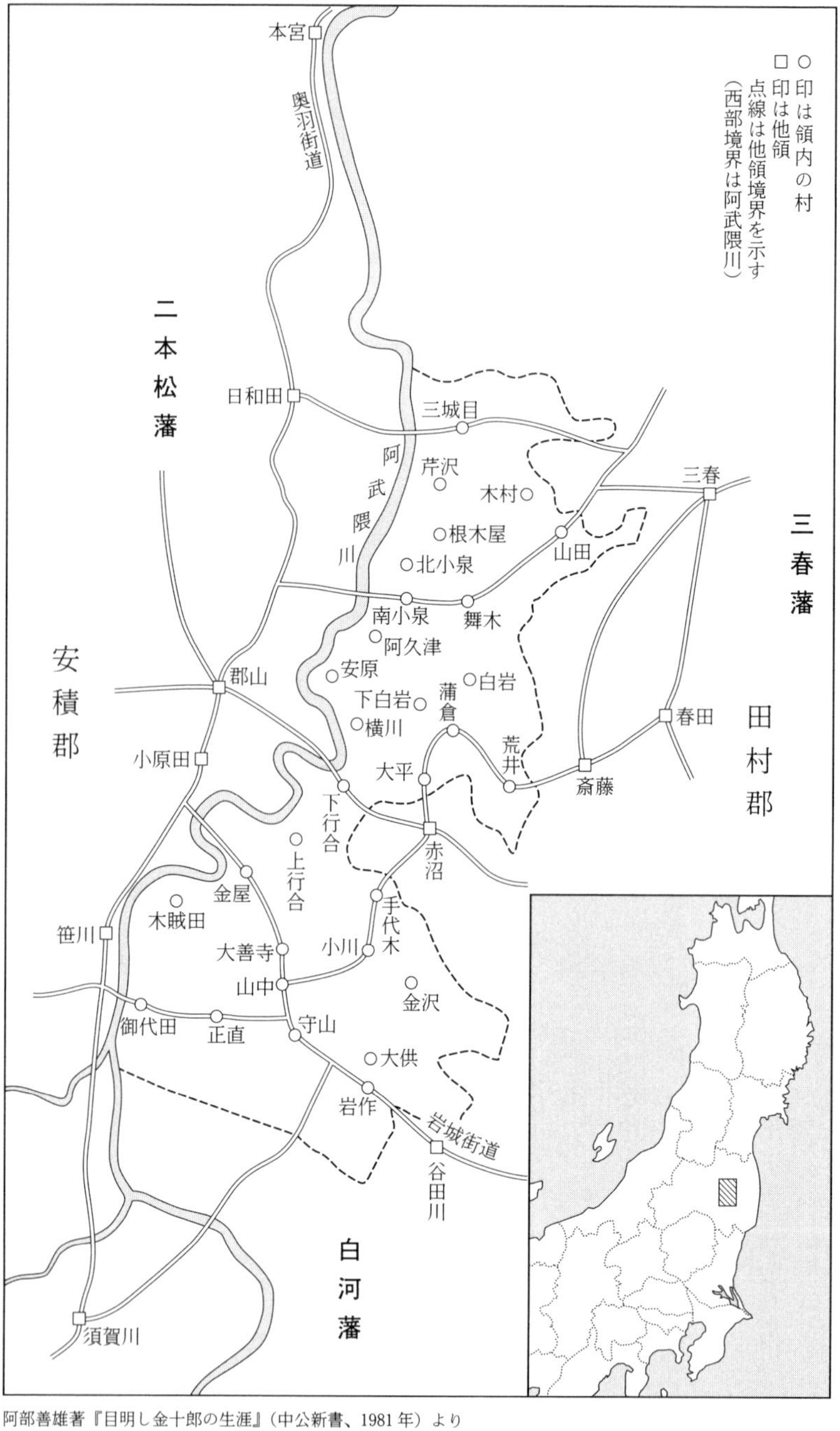

阿部善雄著『目明し金十郎の生涯』（中公新書、1981年）より

しようとするものである。

1　小川村清六一家欠落一件にみる「欠入」と「入寺」

(一)　清六一家の欠落から発見まで

まず、「御用留帳」のなかから享保《きょうほう》十七年（一七三二）に起こった小川《こがわ》村清六一家の欠落《かけおち》一件を取り上げてみよう。清六一家の欠落一件に関する最初の記事は、次の掲げる同年三月十七日の記事である。

（三月十七日）

一小川村庄屋平左衛門申出候、　　　小川村　清六 夫婦 男子共 十歳 六才 弐人

右四人之者共、去ル十五日欠落仕候、福嶋方・関東方へ人ヲ分、追尋ニ遣候者共未罷帰候、先御内意申上候由、右清六者、正直村浅右衛門所ニ質物奉公罷在候所、十五日遊日ニ付宿へ参、其夜中立退候段不埒ニ付、弥五兵衛与申者所借家ニ候所、十六日朝、錠ヲおろし置候ヲ見付候而、夫ゟ相尋候由申出候付、不届至極事ニ候、早々急度尋出候様ニ申付候、

一三月十九日、小川庄屋平左衛門申出候ハ、十五日欠落候清六尋之者共罷帰候、関東方へ参候者共、越後辺迄尋罷帰候、たはこ荷小佐田道筋罷帰候所、右之者共四人罷通候由承候而罷帰候付、一類共之内中付、又明日尋可指出旨申候付、早々指出候様申付候、

（中略）

一同（四月）三日、小川村役人罷出候ハ、

右ハ、欠落仕候清六尋ニ罷出候者、昨晩罷帰候処ニ、関東不残相尋候得共、行衛相知不申候訳ニて罷帰候由、訴出候訳ハ、関東下妻・結城・真壁・筑波・もふか（真岡）、其外相尋候由、

これによれば、正直《しょうじき》村浅右衛門方に質物奉公に出ていた清六は、十五日が「遊日」のため家に戻ったが、その夜に妻および一〇歳と六歳の男子を連れて「欠落」した。小川村では、直ちに探索人を派遣するとともに、十七日に陣屋に届け出たのであった。そして、清六一家を探し出せないまま探索人が帰った旨を、十九日に陣屋に報告し、さらに探索するよう命じられた。四月三日には、関東方面を探索した結果、探し出せなかった旨を陣屋に届け出ている。

この後も探索が続けられたと思われるが、清六一家の行方は思わぬところから判明した。次の記事をみてみよう。

一同日（六月十六日）、正直村ゟ

庄屋
組頭
浅右衛門

右罷出候ハ、浅右衛門ト申者、小川村ゟ奉公人ニ清六ト申者抱申候所ニ、当春中、清六妻・子共弐人同道致欠落仕候ニ付、浅右衛門不手廻りニ罷成難義仕候ニ付、須ヶ川村市へ参、当年ハ小川ゟ奉公人抱候所ニ、春中欠落被致候ニ付難義仕候由物語、近付之方へ咄候へハ、連々可承由先ゟ物語ニ有之候、然ハ欠落仕候清六・妻・子共弐人、田名倉領堤村ト申所ニ四人共ニ手間取候訳及承、此方為相知申候間、其村へ罷越承候へハ相違無之訳ニ付、浅右衛門先へ掛合申義成兼候ニ付、堤村目明ヲ頼入候へハ、成程相違ハ無之候へ共、道ニ而無調法成義も有之候ハヽ、不罷成候、居村へ同道致候ハヽ、相返可申由、目明申ニ付、成程可仕由挨拶致、四人共ニ請取、当十五日ノ晩此方へ罷帰、右四人ヲ清六親類喜曾右衛門ト申者方へ相渡遣候由、右之訳ニ付、正直村庄屋・組

頭・浅右衛門罷出候、右之段御尤ニ被思召、小川村役人不残、欠落清六、春中尋ニ罷出候者致同道、明十七日明六つニ訖ト参候様ニと、配苻刻付ニて遣候、

一六月十六日、小川村役人

右罷出候ハ、春中御訴申上候欠落清六・妻・子共弐人、右四人之者此度正直村浅右衛門方ニて尋出、此方へ渡ニ参候間、四人之者無相違請取申候、春中尋ニ指出候所、道之間違ニ而尋出不申候所、無調法之段御申分ヶ可仕様も無御座候、夫ハ共も（ママ）覚も先達而配苻遣候通、明十七日明六つニ、役人不残、欠落致候清六、春中清六尋ニ罷出候親類之者致同道、急度罷出候様ニと、御相談之上申付候、

このように、六月十六日の記事によれば、清六を雇用していた浅右衛門が、清六一家が棚倉《たなぐら》藩領の堤村に居ることを突き止め、堤村の「目明《めあかし》」を仲介に、十五日に清六一家を引き取り、清六の親類喜曾右衛門方へ渡したのであった。十六日にこの経緯を正直村の庄屋《しょうや》・組頭《くみがしら》・浅右衛門から聞いた陣屋では、小川村の村役人・清六、清六の探索に当たった者を呼び出すことにした。同じ十六日には、小川村の村役人も陣屋に出頭し、探索する方面を間違えた旨を詫びた。これに対し陣屋は、清六および清六の探索に当たった者を同道して、明日出頭するよう命じたのであった。

清六らを同道しての出頭を命じられた小川村の村役人は、十七日に出頭するが、同日の記事によれば、

一六月十七日、小川村　庄屋　一郎右衛門
組頭　五右衛門
親類　八兵衛

右罷出候、清六義ハ夜中ゟむしいたみ、今以相止不申候ニ付、組頭藤兵衛付置申候由、むしいたみ相止次第ニ同道仕罷出候様ニと申付置候、右四人者共罷出候ニ付、白土伝内・片岡文蔵・岩田吉右衛門連座ニ而段々申渡

候ハ、役人方ニて春中尋ニ出候節ハ清六ヲ見付不申候而、此度正直村浅右衛門方ゟ清六罷有候所ヲ聞出シ、浅右衛門方ニて右四人之者共つれ参候而、小川村役人方へ被相渡候段、不届之至ニ候、幷春中尋ニ出候五右衛門・六兵衛両人も、東関(ママ)下妻辺ヲ相尋之(与カ)申もいつわり之様ニ相聞候、近クニ罷有候清六ヲ見付不申候段、旁々不届之至候、菟角清六相止次第ニ、今日中ニ致同道罷出候様ニと、役人共方へ申渡候、

とあり、陣屋に出頭した者のなかに清六はいなかった。清六は、夜中より「むし」(虫気、すなわち腹痛のことであろう)が痛むといって同道しなかったのである。陣屋は、この間の探索について小川村役人を叱責するとともに、「むし」の痛みが治まり次第清六を同道するように命じたのである。

(二)　金剛寺への清六の「欠入」

さて、「むし」を理由に陣屋に出頭しなかった清六であるが、実は金谷《かなや》村金剛寺へ駆け込み、同寺を頼んで訴訟＝謝罪の意を表し、その結果欠落の罪は赦《ゆる》されることになる。以下、この間の動向を追うことにするが、まず該当する記事を掲げてみよう。

ⓐ一同日、(六月十七日)金谷村　　金剛寺

右罷出候ハ、小川村清六、此度之無調法義、上江御申訳も無之候ニ付、何とそ御抱何分ニも上江御訴詔頼入候と欠入候得共、段々訳承候へハ、此度無調法無拠訴訳ニ相聞候間、拙僧方ニ而も抱分ニハ不仕候、何辺相抱候而御訴詔ニ而相済候訳ニ有之候ハヽ、先欠入候者ニ有之候間、相抱御訴詔仕度奉存候、先清六とか(咎)おもく相見得申候間、御内意承ニ罷上り候、折節役人中ニも他出有之候、清六義ハ御詮義被遊候義有之候間、清六早々小川村江相返候様ニと申渡シ、右之口上不申請候、清六義むし相止候而、山中村善法院江欠入候所ニ、善法院ニ而も

当春中相抱候而間も無之訳ニ付、金谷村金剛寺へ善法院ゟ手紙ヲ入、清六金谷へ遣候由、

ⓑ一六月十七日、金谷村　　　金剛寺

右罷出候ハ、欠入候清六義、入寺ニ被仰付候ハヽ、難有奉存候由、被罷出候、役人中ニも金谷村石和久御見分ニ何茂被罷出、今以御帰ニ無之候、たとへ御帰候而も、清六御詮義被成候訳有之候間、早々清六義ハ小川へ御返シ可然由挨拶仕、相返候、

ⓒ一同日、小川村　　　役人不残

右罷出候ハ、清六むし相止候ハヽ、早々同道可仕と奉存候而罷有候処ニ、少々むしも相止候様ニ相見得申候ニ付、仕度致参候様ニと申候へハ、せついん江参候而可罷越由申ニ付、其通ニ致遣候得者、夫ゟ直ニ金谷村金剛寺江欠入候、何共無調法可申上様も無之候と罷出候、組頭藤兵衛ハ清六むし相止候迄付候而罷有、御用ニも不罷出候而、其上清六ヲ逃候段不届之至ニ候、今日ハ何茂他出ニて今以御帰りニ無之候、御帰り被成候ハヽ、御相談之上、役人不残呼寄御詮義被遊候義も可有之候、左様相心得候様ニと申渡し、相返候、

（中略）

ⓓ一同日（六月十八日）、金谷村　　　金剛寺

右罷出候ハ、欠入候清六義、入寺ニ被仰付候ハヽ、難有奉存候、尤、清六義此度之とか（咎）おもく候ニ付、入寺ニ相抱願上候も、上ノ思召如何ニ候へ共、一度欠入候者ヲ指出候も迷惑ニ奉存候ニ付、追々如此御願申上候由ニ而被罷出候、

ⓔ一同日、小川村　　　役人不残

右罷出候ハ、先刻御配符ニ、清六同道仕役人不残罷出候様ニと被仰下候ニ付、清六迎ニ親類共申付遣候、并清

六親類金谷村ニも有之候ニ付、其者共も一所ニ連参候様ニ申付申遣候、其内延行ニ罷成候ニ付、其段御免被下候様ニと申延ニ罷出候、左候ハヽ、清六参次第ニ早々同道致罷出候様ニと、御相談之上申付、相返候、

（中略）

ⓕ一六月十八日、小川村　　役人

右罷出候ハヽ、御配符ニ、清六同道致罷出候様ニと被仰下候ニ付、金谷村金剛寺へ欠入、金剛寺ニ而守山へ罷出、跡ニ居隠（ママ）被入候所ニ、居隠（ママ）方へ右之訳申達候へハ、居隠（ママ）申ニ者、金剛寺罷帰候迄ハ、清六渡申義ハ不罷成候由被申候而、相待罷有候所ニ、金剛寺日暮方迄相待罷有候へ共御帰り無之、余り遅滞ニ罷成候ニ付罷帰、右之御訴申上候、左候ハヽ、明日成共菟角清六同道致罷出候様ニと申渡、相返候、

ⓖ一同十九日、金谷村　　金剛寺

右罷出候ハヽ、小川村清六欠入候ヲ、只（今脱カ）ニ至指出候も何共迷惑ニ奉存候、拙僧抱分ニ被仰付被下候ハヽ、難有奉存候、清六急度詮義仕候訳共有之候へ共、欠入候者ニ有之候ニ付、先詮義不仕、御相談之上抱分ニ被仰付候間、左様相心得可被致候と挨拶仕、相返候、

ⓗ一同日、金谷村　　（金剛寺
小川村役人

右ハ、清六義抱分ニ被仰付候、難有奉存候、為御礼金剛寺罷上り候、幷小川（村脱カ）役人罷出候ハヽ、清六金剛寺抱分ニ被仰付被下候段、難有奉存候、為御礼罷上り候、

（中略）

ⓘ一七月朔日、金谷村　　金剛寺

右ハ、入寺為訴詔被罷出候、清六無調法之儀、急度御詮義可有之者、入寺仕候ニ付先其分ニ被指置候、右之訳
御役人中へも可申達由挨拶仕、御相談之上相返候、

（中略）

ⓙ一七月四日、金谷村　　　　　　金剛寺

右罷出候ハ、入寺訴詔ニ被罷出候、度々訴詔ニ付免許被仰付候、清六無調法此度ハ急度御詮義可被仰付候所
ニ、金剛寺へ入寺仕、度々御訴詔ニ付免許被仰付候、已後左様成無調法有之候ハヽ、清六ハ不及申ニ、役人共
ニ急度被仰付候程ニと、金剛寺方へも役人方へも、右之訳清六ニも被仰渡候様ニと、御相談之上申渡候、

（中略）

ⓚ一同日、（七月四日）金谷村　　　　　　金剛寺

右罷出候ハ、先刻ハ清六入寺指速（早カ）免許被仰付難有奉存候、為御礼罷上り候、

ⓛ一同日、小川村　　　　　　役人 清六

右ハ、入寺早速御免被遊難有奉存候、為御礼罷上候ニ付、白土伝内・片岡文蔵・岩田吉右衛門連座ニ而、役人
幷清六申渡候ハ、清六此度ハ□（急カ）度御仕置ニ可被仰付者ニ有之候処ニ、金谷村金剛□□入寺仕、金剛寺度々之訴
詔ニ付、先此度ハ免許被仰付候、我身ハ質物ニ罷有、其上妻・子共弐人同道致欠落仕候段、第（帝カ）不届者ニ有之候
間、御領内ミせしめの者有之候所ニ、金剛寺へ欠入度々之訴詔ニ付、免許被仰付候、已後左様成不届有之候
ハヽ、清六ハ不及申ニ、役人共ニ急度被仰付候程ニ、左様相心得申様ニと、役人ニも清六ニも訖ト申渡候、若役
人方ゟ清六方そうたい之義申渡候節、清六用不申候ハヽ、其段御役所へ申出候様ニと、役人方ニも申渡候、

（傍線筆者、以下同じ）

六月十七日、金谷村の金剛寺が、清六が無調法のため「御訴詔」を頼み「欠入」したことで、「抱分《かかえぶん》」にするかどうか陣屋の内意を承りに出頭したが、陣屋では清六を早々に小川村へ返すよう申し渡した（ⓐ）。同じ日のうちに金剛寺は再び陣屋に出頭し、清六を「入寺」にして欲しいと求めたが、やはり陣屋では、清六を早々に小川村へ返すようにとの挨拶であった（ⓑ）。十七日には、小川村の村役人も揃って陣屋に出頭し、清六が金剛寺へ「欠入」した旨を報告し、同道できなかったことを詫びた（ⓒ）。

なお、清六が「欠入」した際の状況として、小川村役人は、清六の「むし」が治まったようなので同道しようとしたが、雪隠に行きたいというので認めたところ、そのまま金剛寺へ「欠入」したと述べている（ⓒ）。しかしⓐによれば、一旦山中村の善法院へ「欠入」したが、善法院では今春に「欠入」を受け入れたばかりだったので金剛寺に遣わしたとあり、ⓐとⓒとで異なった説明がなされている。

ともあれ、翌六月十八日に金剛寺は三度目の出頭をし、「欠入」した清六を「入寺」にして欲しいと願い出た（ⓓ）。同日、小川村役人は、清六の同道が延引していることを詫びるとともに（ⓔ）、清六を引き取りに金剛寺へ出向いたところ、住職が留守であったため（陣屋に出頭していた）、会うことができないで帰った旨を報告している（ⓕ）。六月十九日に、金剛寺はまたまた出頭し、今更清六を差し出すのは「迷惑」であるとし、「抱分」にしたいと願い、これに対し陣屋では「抱分」とすることを認めた（ⓖ）。そして、同日には金剛寺と小川村役人が、「抱分」が認められた「御礼」に出頭した（ⓗ）。

ここまでの経過から、「欠入」した清六のことを、金剛寺は「入寺」（ⓑⓓ）あるいは「抱分」（ⓐⓖ）とすることを認めるよう陣屋に求めており、駆け込んで来た者を寺院が「抱分」「入寺」として庇護の下に置くかどうかは陣屋の承認を要し、重い罪ともなれば「抱分」「入寺」は認められなかったと思われる。ⓐで金剛寺が陣屋に内意を伺っているのも、そうした理由によるものであろう。陣屋にすれば、「抱分」「入寺」を認めることは「詮義不仕」（ⓖ）、すなわち取り調べを止めることであった。清六の詮議にこだわっていた陣屋も、金剛寺の四度に亙る歎願《たんがん》で「抱分」とすることを認めたのであった。

その後は、七月一日に金剛寺が、「入寺為訴詔」出頭したことが記されている（ⓘ）。金剛寺は四日にも「入寺訴詔」に出頭し（「度々」の訴訟というので、この間も連日訴訟に出頭したのかも知れない）、これに対し陣屋では、清六の無調法は厳しく詮議すべきところであるが、金剛寺へ「入寺」し、同寺が「度々御訴詔」したので「免許」を命ずるとし、以後このような無調法がないように申し渡した（ⓙ）。同日中に金剛寺は、清六の「入寺」が「免許」となったことへの「御礼」に出頭し（ⓚ）、小川村の村役人と清六本人も「御礼」のために出頭し、陣屋からの訓戒を受けた（ⓛ）。

このように、清六は、金剛寺に駆け込み（「欠入」）、同寺の「抱分」となり（入寺）、同寺の度々の訴訟によって陣屋の詮議を回避し、赦免されたのである。

ところで、入寺して赦《ゆる》されたのは「欠落」の罪であり、質物奉公（質物金）の問題は未解決であった。その後、質物金の返済が済むまでの記事は次の通りである。

一同日、（七月十六日）小川村　役人不残

石罷出候ハヽ、清六義正直村浅右衛門方へ親類之者共頼入、浅右衛門方ニ而静六遣申様ニと、若清六遠慮ニ可申候ハヽ、妻ヲ使被下候様ニと、浅右衛門方へ両度親類遣候へ共、浅右衛門方ニて清六・妻共ニ遣申義不罷成候間、金子返金致候様ニと申参候（後略）

（中略）

同日（十一月二十六日）

一小川村　役人共

右被仰渡候ハ、清六身代金、正直村浅右衛門方へ早々返金仕候様ニと、御相談之上、被仰付候、

一同日（十一月晦日）、小川村　役人

右罷出候ハ、先達而被仰付候清六身代金、清六親類共ニ申付、金子身代金正直村浅右衛門方へ返金相済候筈ニ、相談相極候ニ付、右之御訴罷出候由、

（中略）

一同十七日（十二月）　正直村浅右衛門
幷村役人

右者、先達而奉願上候小川村清六質物金之儀、昨日無相違相済シ候間、受状等相返シ埒明申候、御苦労罷成難有奉存候由ニて、御礼ニ罷出候事、

（中略）

一同日（十二月十七日）　小川村役人

右者、当村清六質物金、正直村浅右衛門と出入之儀、昨日相済候由申出候事、

七月十六日の記事によれば、清六側は浅右衛門に、清六本人か同人妻を使って欲しいと申し入れたが、浅右衛門はこれを拒否し、金子《きんす》で返済するように要求したらしい。その後、交渉が行われたのであろう、結局金子で返金することになり、十二月十七日にいたって金子の授受が済み解決となった。

2　享保十七年「御用留帳」にみる駆込

㈠　享保十七年に起こった駆込

前節でみた清六の「欠入」一件を含め、享保十七年（一七三二）の「御用留帳」には一四件の駆込の記事がみられるが、表9はその一覧である。七月・九月以外の各月で発生しており、二月には三件発生、平均すると月に一・二件となる。

では、表9に示した駆込について、清六一件（No.10）を除く一三件の概要を紹介してみよう。

No.1　金谷村役人が無調法につき「欠入」

正月20日：金屋（金谷）村庄屋・組頭、不作田方の扱いにつき無調法があった旨を申し出る。

21日：金屋村金剛寺、村役人が「欠入」したので、「師旦之儀」につき「抱置」いた旨を披露のため出頭する。

22日：金谷村金剛寺、村役人の「訴詔」のため出頭する。

25日：村役人が不調法につき「入寺」し、金剛寺が「度々訴詔」したので、相談の上「免許」を申し渡す。

同日：金屋村役人・金剛寺、「入寺御免之御礼」に出頭する。

No.2　大平村の欠落人が帰住御免のため「欠入」

正月26日：大平《おおだいら》村大乗院代蓮光坊、同村の欠落人所左衛門が帰国し「欠入」し、帰住御免の「訴詔」を頼んでき

表9　享保17年「守山藩御用留帳」にみる「欠入」「入寺」一覧

No.	年　月　日	村　名	入寺理由	入寺先寺院・経過等
1	享保17. 正 .21	金谷村	村政不調法	庄屋・組頭が同村金剛寺に「欠入」→正 /25、金剛寺の度々の訴訟により免許（入寺御免）
2	享保17. 正 .26	大平村	欠落	欠落人が同村大乗院へ「欠入」→2/4、同寺の度々の訴訟により帰住御免
3	享保 17. 2.23	金沢村	逃参	逃参から帰った4人が守山村金福寺へ「入寺」→2/25、免許
4	享保 17. 2.23	金沢村	逃参	逃参から帰った5人が同村金昌寺へ「欠入」→2/25、免許
5	享保 17. 2.27	金沢村	村役人と争論	同村2人が金昌寺へ「入寺」→同寺の訴訟で済む
6	享保 17. 3.28	金谷村	普請時の間違	庄屋が同村金剛寺へ「入寺」→4/1、同寺の度々の訴訟により免許（入寺御免）
7	享保 17. 4.20	山中村	逃参	抜参した庄屋が同村善法院へ「欠入」→5/12、同寺の度々の訴訟により免許（入寺御免）
8	享保 17. 5.16	山田村	伊勢逃参	逃参から帰り同村旦那寺律福寺へ「懸入」→6/20、同寺代僧清雲寺の度々の訴訟により免許（入寺御免）
9	享保 17. 6.15	小川村	出火	火元が大善寺村大善寺へ「入寺（欠入）」→6/22、同寺の度々の訴訟により免許（入寺御免）
10	享保 17. 6.17	小川村	欠落	連れ戻された欠落人が金谷村金剛寺に「欠入」→7/4、同寺の度々の訴訟により免許
11	享保 17. 8.16	北小泉村	出火	火元が阿久津村安養寺へ「入寺」→8/20、「御免」
12	享保 17.10.27	山田村	村追放	三春町泰平寺が村追放された者の帰住御免を訴訟→山中村師継院が引継ぐ→12/28、許可
13	享保 17.11.27	岩作村	出火	火元が守山町観音寺へ「入寺」→11/ 晦、免許
14	享保 17.12.16	舞木村	借金返納滞り	同村延命寺へ「欠入」→12/22、同寺の度々の訴訟により免許（入寺御免）

註　享保17年「御用留帳」より。

たので、「師旦事」ゆえ「抱置」いた旨を「披露」に出頭する。
28日：大乗院代蓮光坊、所左衛門の「訴詔」のため、今日も出頭する。
晦日：大乗院代蓮光坊、所左衛門の「訴詔」のため、今日も出頭する。
2月4日：大乗院「度々訴詔」につき、相談のうえ所左衛門の「帰住御免」を命じる。
同日：所左衛門・村役人・大乗院、所左衛門「帰住御免」の「御礼」に出頭する。

No.3　金沢村の新蔵らが逃参から帰り「入寺」
2月23日：守山村金福寺、金沢《かねざわ》村新蔵ら四人が逃参したことを不調法として、金福寺へ「入寺」した旨を訴え出る。↓No.4の2月25日へ

No.4　金沢村の長左衛門悴らが逃参から帰り「欠入」
2月23日：金沢村金昌寺、同村長左衛門悴ら五人が逃参から帰り、金昌寺へ「欠入」した旨を「披露」のため出頭する。
2月25日：守山村金福寺・金沢村金昌寺、逃参の者の「訴詔」のため出頭する。相談のうえ「免許」を申し渡す。
同日：守山村金福寺・金沢村金昌寺、「御礼」に出頭する。

No.5　金沢村の善内・半蔵が村役人と争い「入寺」
2月27日：金沢村役人、村役人と出入となった善内・半蔵が金昌寺へ「入寺」し、同寺の「訴詔」にて「相済」になった旨を訴え出る。
3月晦日：惣百姓の願いにより、金沢村役人および善内親子・半蔵親子を呼寄せ、我儘をしないようになど申し渡す。

No.6　金谷村庄屋が堰普請で間違いがあったとして「入寺」

3月28日：金谷村金剛寺、庄屋九郎兵衛が間違いがあるとして「入寺」した旨を訴え出る。

晦日：金剛寺、「入寺御免」の「訴詔」に出頭する。

4月朔日：金剛寺、庄屋九郎兵衛が「入寺」し「度々御訴詔」につき、「免許」を申し渡す。

同日：金剛寺・庄屋・組頭、「入寺御免」の「御礼」に出頭する。

No.7　山中村庄屋重蔵が抜参を咎められ「欠入」

4月20日：山中村《さんちゅう》（庄屋）十蔵が抜参した旨の申出があり、召連れ出頭するよう申し渡す。

同日：山中村善法院、十蔵が「欠入」し、「師弟之儀」なので「訴詔」したいと申し出る。「御政務之障」になるので指し出すように申し渡す。

21日：善法院、十蔵を「囲」いたい旨を申し出る。同寺、夕方にも参る。よって、詮議の延期を申し渡す。

23日：善法院、重蔵の無調法「御免」のため出頭する。重蔵は「欠入」したので、「先其分ニ指置」く旨を挨拶する。

27日：善法院、重蔵の「入寺為訴詔」に出頭する。

29日：善法院、「訴詔」のため出頭する。今は「御不行《（幸カ）》之内」（四月二十七日に「本清院様御逝去」、すなわち水戸藩主徳川綱條室逝去の記事がみえ、これを指すものであろう）なので控えるように挨拶する。

5月6日：善法院、十蔵の「御免訴詔」に出頭する。

5月12日：善法院、「入寺為訴詔」に出頭する。重蔵は「入寺」し、「度々之御訴詔」につき「免許」を命じる旨を申し渡す。

同日：山中村役人・重蔵、「入寺御免」の「御礼」に出頭する。
13日：善法院、重蔵の「入寺」「御免」の「御礼」に出頭する。

No.8　山田村喜惣次が逃参を咎められ「懸入」

5月15日：山田村役人、「伊勢逃参」した喜惣次が昨日帰った旨を訴え出る。明日、喜惣次を同道して出頭するように申し渡す。
16日：木村（建、以下同じ）律福寺・山田村庄屋半蔵、「逃参」した喜惣次が旦那寺律福寺へ「懸入」した旨を訴え出る。
20日：清雲寺（病気の律福寺の代僧）・庄屋半蔵、喜惣次の「入寺為訴詔」に出頭する。「入寺」し「度々之御訴詔」につき、相談のうえ「免許」を命じる。
同日：清雲寺・庄屋半蔵、「入寺御免」の「御礼」に出頭する。

No.9　小川村喜三郎が出火につき「入寺」

6月15日：小川村惣七の祖父喜三郎、留守居中に出火する。
16日：小川村役人、出頭御を命じられた喜三郎が夜中大善寺村大善寺へ「入寺」した旨を訴えに出頭する。
同日：大善寺、喜三郎が「御訴詔」を頼んで「欠入」した旨を訴えに出頭する。
18日：大善寺、喜三郎の「入寺御免」のために出頭する。
20日：大善寺、「入寺為訴詔」に出頭する。
22日：大善寺、喜三郎の「入寺為訴詔」に出頭する。「入寺」し「度々御訴詔」につき「免許」を命じる。
同日：大善寺、「入寺御免」の「御礼」に出頭する。
同日：小川村役人・喜三郎、「入寺」「御免」の「御礼」に出頭する。

No.11　北小泉村太右衛門が出火につき「入寺」

8月16日：北小泉村役人、昨日暮方に太右衛門出火の旨を届けに出頭する。火元太右衛門を同道して出頭するように申し付ける。

同日：阿久津村安養寺、北小泉村の太右衛門が無調法をし、「訴詔」を頼んで「入寺」した旨を訴えに出頭する。

18日：阿久津村・北小泉村庄屋・組頭および安養寺、「入寺為訴詔」に出頭する。

20日：「御免」となる。

No.12　山田村辰右衛門の村追放解除のため訴訟

10月27日：三春町泰平寺、先年村追放を命じられた山田村太兵衛忰辰右衛門の帰住御免を訴訟する。併せて、泰平寺は遠方ゆえ山中村帥継院《すいげんいん》をもって申し上げたい旨を申し出る。

12月26日：帥継院、辰右衛門の帰住御免の願いに出頭する。

28日：辰右衛門に帰住を命じる旨、江戸より指示があったので、出頭した帥継院へ申し渡す。

同日：帥継院、辰右衛門の帰住御礼に出頭する。

29日：山田村役人・辰右衛門親太兵衛、帰住御礼に出頭する。辰右衛門は煩いのため同道せず。

No.13　岩作村庄屋が出火につき「入寺」

11月27日：夜五つ半時、岩作《がんさく》村庄屋伝右衛門裏の「稲にふ（乳）」より出火する。

28日：守山町観音寺、岩作村庄屋伝左衛門が無調法により「入寺」した旨を訴えに出頭する。

晦日：守山町観音寺、伝左衛門の無調法御免のため出頭する。相談のうえ「免許」を命じる。

同日：守山町観音寺・伝左衛門・善左衛門（岩作村庄屋）・治三郎（同）、伝左衛門の「免許」の「御礼」に出頭する。

No.14 舞木村元右衛門等が借金の利米返納滞りにて「欠入」

12月16日：舞木村延命寺、同村元右衛門・伝五郎が年貢皆済のために借りた金の利米返納が滞り、「欠入」した旨を披露のため出頭する。両人は「入寺」したので、三、四日も「差置」き「免許」するのが良いだろうと、岩田吉右衛門に伝える。

18日：舞木村延命寺、元右衛門・伝五郎の「訴詔」のため出頭する。

19日：舞木村延命寺、元右衛門・伝五郎の「訴詔」のため出頭する。

20日：舞木村延命寺、元右衛門・伝五郎の「訴詔」のため出頭する。

22日：舞木村延命寺、元右衛門・伝五郎の「訴詔」のため度々出頭につき、相談のうえ「免許」を命じる。

23日：舞木村延命寺・村役人・入寺人伝五郎・同元右衛門、「入寺」「御免」の「御礼」に出頭する。

以上、一三件について概要をみてきたが、「欠入」「入寺」の理由としては、「欠落」がNo.2・10の二件、「逃参・抜《ぬけ》参《まいり》」がNo.3・4・7・8の四件、村政上の不手際を理由とするものがNo.1・6の二件、出火がNo.9・11・13の三件、その他としてNo.5・12・14といった区分ができよう。また、「欠入」「入寺」が発生してから「免許」（入寺御免）に至るまでに、「度々之御訴詔」「度々御訴詔」などと記されているように、寺院は何度も陣屋に足を運び「訴詔」している。一度の「訴詔」では済まなかったのであり、三〜四度は「訴詔」に出向かないと赦されなかったことが窺える。

㈡「欠入」と「入寺」の意味

では、一四件の事例に他の年代の事例も若干交えて、「欠入」「入寺」の意味について、さらに検討を加えることにしよう。

No.10の清六一件は欠落に対する謝罪のためであったが、もう一件、欠落に関係するのがNo.2である。「御用留帳」には次のように記されている。

一同(正月)廿六日　大平村大乗院代　蓮光坊

右者、当村所左衛門先年欠落仕候ニ付、為尋聟安原村市之介、当春罷出所々相尋候へ共、行衛不相知罷帰候、然者、所左衛門尋候由先ニて粗承、市之介帰ヲ追かけ跡ゟ帰国仕、早速当院へ欠入申候而、何分ニも帰住御赦免可被仰付様ニ、訴詔偏頼入候由申候ニ付、師旦事無是非抱置申候、御国法相背申候者ニハ御座候へ共、何とそ御免ニも願度奉存候、右之段、先御披露申上度候由ニて罷出候事、

この場合は、清六一家のように連れ戻されたのではなく、自ら「帰国」し、蓮光坊へ「欠入」したのであった。そして、二月四日に至って、「右者、大平村大乗院度々訴詔ニ付、今日御相談之上、帰住御免被　仰付候事」と、帰住が赦されたのであった。

欠落の一種ともいえる逃参・抜参を理由としたものが、No.3・4・7・8の四件である。No.3は金沢村新蔵、山中村弥吉、守山村源八・弥十郎の四名が守山村金福寺へ「入寺」、No.4は金沢村長左衛門ら四名の悴が金沢村金昌寺へ「欠入」した旨が、二月二十三日に両寺から陣屋に報告された。二十五日には「右両寺共ニ、逃参候者共為訴詔罷出

候、悴共之儀ニ付、御相談之上免許申渡候事」と、両寺がともに「訴詔」に出向き、陣屋では「免許」を申し渡している。このような欠落や他所出をした者が立ち戻り、帰住許可を求めて入寺する事例は、仙台藩・会津藩・二本松藩でもみられる（前著「入寺一覧表」参照）。

No.7は、山中村の庄屋十蔵が抜参をした一件で、庄屋であるゆえに大きな問題となった。

一四月廿日、天気よし、

一　　　　　　　　　　山中村
　　　　　　　　　　　　十　蔵

右之者、当正月中不相見候所、道中ゟ申越候由ニて、丹後きれと（切戸）の文殊へ抜参仕候由、吉成東出内意申出候、然ニ昨晩罷帰候由、庄屋万次郎・組頭久右衛門申出候付、庄屋役之者抜参可仕筈ニ無之候、其上大分日柄かゝり、殊山中村地割替有之時分、御用ヲも欠旁不届ニ候、段々様子可相尋子細有之間、召連罷出候様ニ申付、帰候、

一山中村善法院被参申出候者、十蔵儀上方へ抜参仕候処、役人之身ニて難相立旨ヲ存付、在所へ帰兼候而罷有候所、所々相尋候而罷帰候、被罷出旨被仰付候ニ付、村役人共召連可罷出所、罷出候而も申訳一切無之、当寺へ欠入是非御訴詔相頼候、出家之身、殊師弟之儀ニて難黙止候間、何分御訴詔申上度由被申出候、仍之、致挨拶ハ、段々尋ル子細有之候間、無御構御指出可有之候、強而御かくまい候而ハ、御寺ノ為ニも罷成間敷候、尤、御政務之障ニ罷成儀之旨、急度申帰候様ニ、（取次役）武右衛門申付候、

一四月廿一日、天気吉、

一山中十蔵儀当寺ニ囲申度由、善法院被申出候間、是非御差出可有之旨申、帰シ候、

一右之願ニ、善法院又夕ニも両度迄被参候、仍之、御僉儀者先相止可申旨申、帰シ候、

このように、十蔵は丹後国の切戸文殊まで参詣し、昨晩戻ったとの旨を、四月二十日に庄屋・組頭が陣屋に申し出ると（万次郎は、十蔵が抜参に出た後庄屋になっていたのだろうか）、陣屋では、職務放棄であり「不届」であるとして、十蔵を連行するよう命じたのである。

一方、十蔵は山中村善法院へ「欠入」し、善法院ではこれを陣屋に報告した。陣屋では、十蔵を差し出すように、「御政務之障」になるから返すように、と申し付けている。翌二十一日に、善法院は十蔵を「囲」いたいと申し出、同日にはさらに二度陣屋に出向いたところ、陣屋では「仍之、御僉儀者先相止可申」と、詮議をしないことを表明したのである。

これを受け善法院は、四月二十七日に「重蔵入寺為訴詔」に何度も陣屋に出向き、五月十二日になって、

一五月十二日、山中村　　善法院

右被罷出候ハ、入寺為訴詔被罷出候、重蔵義、此度之無調法急度御詮義之筈ニ有之候所、入寺仕度々之御訴詔ニ付免許被仰付候、其旨重蔵方へも被仰付候様ニと申渡候、御相談之上左之通候、

と、善法院の「度々之御訴詔」によって、十蔵の詮議は中止となり、「入寺」は「免許」となったのである。No.3・4では比較的簡単に「免許」となっているのに対し、庄屋であった十蔵の場合には、職務放棄が問題になり、陣屋では簡単に赦免することはできなかったものといえる。

以上の十蔵一件の経過をみると、前節の清六一件と同様な経過を辿っていることが指摘できる。詮議のため出頭させるよう求める陣屋に対し、善法院が十蔵を「囲」いたいと申し出たのは、清六の場合の「抱分」と同じことを指し、それが認められ（入寺となり）詮議中止になってから、「入寺御免」の「訴詔」が始まっているのである。

すなわち、「欠入」と「入寺」は厳密には意味づけが異なるのであり、寺院の「抱分」（抱・抱置・囲）となることが陣屋によって承認され（詮議中止）「入寺」となり、そのうえで「入寺御免」の「訴詔」が始まるのである。換言すれば、清六一件で「欠入候清六義、入寺ニ被仰付候ハヽ、難有奉存候」（ⓑ）とあるように、自発的な「欠入」を受けて、陣屋（藩）が処罰の代替措置として認めたのが「入寺」ということになる。

このように、「欠入」と「入寺」は区別されるものであり、「欠入」→「入寺」という段階を踏むのである。しかし、No.3・5・6・9・11・13では、いきなり「入寺」と表現されており、「欠入」と区別されていない。No.3で「右者、御暇願不上逃参仕不調法仕候由ニて、金福寺へ入寺仕候由ニて、右之寺訴出候」と「入寺」としているのに対し、同じく「逃参」一件であるNo.4では「右之者共、先頃逃参仕候所昨日下向仕、早速不調法仕候由ニて、金昌寺へ欠入候由ニて、右之寺為披露罷出候事」と、「欠入」としている。また、No.9の小川村での出火一件では、村役人が「火元喜三郎同道仕罷出候様ニと被仰付候所ニ、喜三郎夜中ニ大善寺村大善寺へ入寺仕候」と、火元が「入寺」したと申し出ているが、大善寺は「小川村喜三郎夜中欠入候」と、「欠入」と表現している。

こうしてみると、「欠入」と「入寺」は、現実には厳密に区別して使われたとはいえないことになるが、これは「欠入」が「入寺」となることを前提とした行為で、事実上「欠入」＝「入寺」であったためであろう。No.7・10のような特別な事情がなければ、「欠入」即「入寺」となるのであり、逆に問題のある一件では、「欠入」と「入寺」の違いが表面化したものといえよう。

さて、「欠入」があった寺院では、欠入人を「抱分」とする、あるいは「抱置」く、または「囲」うのであるが、駆け込む寺院は菩《ぼ》提寺《だいじ》が原則であった。それは、「訴詔偏頼入候由申候ニ付、師旦事無是非抱置申候」（No.2）、「当寺へ欠入是非御訴詔相頼候、出家之身、殊師弟之儀ニて難黙止候間、何分御訴詔申上度由被申出候」（No.7）などとあり、

No.1にも「師旦之儀」につき「抱置」いたとあるように、「師旦」「師弟」関係によるものであった。

こうした「師旦」「師弟」関係を背景に、清六一件では、重ねて清六の出頭を求める陣屋に対し、金剛寺が「一度欠入候者ヲ指出候も迷惑ニ奉存候」(ⓓ)、「小川村清六欠入候ヲ、只(今脱カ)ニ至指出候も何共迷惑ニ奉存候」(ⓖ)と主張し、また庄屋十蔵一件でも、陣屋側の「強而御かくまい候而ハ、御寺ノ為ニも罷成間敷候」という、いわば脅しにも屈せず詮議中止に持ち込んだのである。

なお、すべての「欠入」が菩提寺であったのではなく、例えばNo.10の清六一件では、「山中村善法院江欠入候所ニ、善法院ニ而も当春中相抱候而間も無之訳ニ付、金谷村金剛寺へ善法院ゟ手紙ヲ入、清六金谷へ遣候由」(ⓐ)というように(この一件では直接金剛寺へ「欠入」したともいわれているが)、これ以前に「欠入」があってまもなくの場合には、断られることがあったことを示唆している。また、年代は異なるが、寛延二年(一七四九)の「御用日記」七月二十日条には、

一七月廿日、天気吉

一同日　白岩村　大雲寺
　　　　白岩村役人

右申出候者、下白岩村源助義、麁相故失火ニ而手前宅焼失仕候ニ付、村中幷近所迄さわかし申候、仍之、召連御役所へ罷出候様ニと、村役人方へ被仰付候間、驚拙寺へ欠入申候、尤、檀寺者阿久津村安養寺ニ御座候処、入寺人召抱罷有候ニ付致遠慮、拙僧方へ相願申候付、無拠指置申候(後略)

とあって、既に旦那寺に入寺人が在寺している場合には、他の寺院へ駆け込むこともあった、という事例もみられる。原則は菩提寺であるが、事情により菩提寺以外の寺院への駆込もあったのである。さらには、「欠入」の多い寺院と

そうでない寺院があり、上郷では観音寺（守山町）、中郷では上合寺《じょうごう》（上行合村《かみゆきあい》）、下郷では延命寺（舞木村）が多いという指摘もある（成松 二〇〇六年、一八四頁）。

ところで、以上で言及した事例は、守山藩による処罰の代替措置としての「入寺」であるが、一四件のなかには、処罰の代替措置とは異なる事例もみられる。No.5の一件をみてみよう。

一同日（二月二十七日）、金沢村役人罷出候ハヽ、
右ハ、同村善内・半蔵、村役人出入之訳ニ付、善内・半蔵両人共ニ金昌寺江入寺仕、金昌寺訴詔ニ而相済候由訴出候、

（中略）

一同晦日（三月）、金沢村役人不残、并 善内親子 半蔵親子
右為呼寄、村中ニて我儘仕候由惣百性願ニ付、向後我儘不仕候由急度申渡候、并親子共ニ、已後不依何事ニ村一同ニ相背申間敷候由、両人親子共ニ申付候、其上我儘仕候ハヽ、役人方ゟ其通申出候様ニと、役人方へも申渡候、

二月二十七日に、金沢村の村役人が陣屋へ報告するには、同村の善内・半蔵と村役人との諍《いさか》いが起こり、善内・半蔵の二人が金昌寺へ「入寺」し、同寺の「訴詔」にて「済」んだという。この一件では、善内・半蔵と村役人との諍いに対し、金昌寺が仲裁者になり解決しており、金昌寺が陣屋に訴願に出向いたことは記されておらず、陣屋は直接関与していない。紛争の内々の解決＝内済の手段としての「入寺」といえよう。

なお、ほぼ一月後の三月晦日には、村役人および善内・半蔵親子が陣屋に呼び出され、惣百姓からの訴えを受けた

善内・半蔵らの「我儘」を禁止する旨を命じている記事がある。金昌寺が仲裁に入った村役人との諍いが何であったのか、具体的には記されていないが、善内・半蔵らの「我儘」に原因するものであり、一旦解決したにも拘わらず再発したのであろうか。今度は内済では済まず、陣屋の指示を仰ぐことになったのであろう。

さらに、寛延《かんえん》二年（一七四九）の「御用日記」のなかに、

（九月十四日）

右之通召出シ相尋候者、卯右衛門義、当春中川普請之節（中略）村役人衆立腹ニ候間、禰宜民部方へ参頼詫言仕候得共、指構無用ニ候由庄屋申候由ニ付、夫ゟ建福寺へ入寺仕詫仕候所、誤り証文指出申候ハヽ、指免可申候由、よのきニ候ハヽ、証文も指出可申候得共（後略）

とあり、普請の節に村役人を立腹させた卯右衛門が、木村の建福寺へ「入寺」して「詫」びたところ、「誤り証文」（詫証文）を差し出せば「指免」すとあるのも、内済手段として「入寺」による「詫」（謝罪）が行われていたことを示していよう。なお、この一件では、始めは禰宜《ねぎ》民部方を頼んでいる。ここでは、さらに建福寺へ「入寺」することになったが、神主方への駆込もあったことが知られる。阿部氏も、寺院ほど多くはないが神社への駆け込みがみられると指摘されている（阿部　一九六五年、二七頁）

享保十七年（一七三二）の事例に戻ろう。No.12は「村追放」を受けた山田村の辰右衛門の帰住御免訴訟であるが、「御用留帳」には次のように記録されている。

（十月二十八日）

一　　三春町　泰平寺

右者、山田村太兵衛忰辰右衛門儀、先年村御追放被　仰付候、右之者何とそ帰住仕度由、拙寺方へ達而頼申候

ニ付、御免被成下候様ニ仕度奉存、御訴詔申上候、拙僧儀者遠方ニ罷有候間、右之願帥継院を以、乍略儀千万申上度奉存候条、御聞済ニも預り度奉存候由申出候間、追而可及御挨拶旨申達、相返候事、

右泰平寺儀者、帥継院閑居ニて候、

（中略）

一同（十二月）廿六日　帥継院

右者、先達而願上候山田村辰右衛門帰住、何とそ御免被成下候様ニ仕度、奉願候由ニて罷出候事、此段追而可申達旨申候而、返候事、

（中略）

一同日（二十八日）　山田村辰右衛門

右者、帥継院閑居ゟ在所帰住先達而願上候所、此度願之通辰右衛門儀帰住被仰付候由、江戸ゟ申来候ニ付、於御陣屋白土伝内・斎藤権平・石川岡右衛門烈座（ママ）ニて被仰渡候、閑居代ニ帥継院罷出候間、則右帥継院へ被申渡候事、

（中略）

一同日（二十八日）　山中村　帥継院

先刻者、山田村辰右衛門帰住奉願候通被　仰付、難有仕合奉存候、閑居儀早速御礼ニ参上可仕候所、遠方之儀御座候間、年中者伺公（カ）仕間敷候、来春ならてハ参上仕間敷奉存候、夫迄者余り延引仕候間、先々拙僧御礼申上候由ニて罷出候事、

一同廿九日　　　山田村役人不残
　　　　　　　　辰右衛門親
　　　　　　　　　太兵衛

右者、帥継院御訴詔申上候ニ付、辰右衛門帰住被　仰付難有仕合奉存候、辰右衛門儀者相煩罷有候間、同道不仕候由申出候間、病気快気仕候ハヽ、同道可罷出候旨申付候事、

この場合「欠入」や「入寺」とは明記されていないが、「村御追放」の処罰を受けた山田村の太兵衛倅辰右衛門が、「帰住」「御免」の「訴詔」に三春町の泰平寺を「頼」んだ。ところが、泰平寺から守山陣屋までは遠方になるという理由で、泰平寺では山中村の帥継院に代理を依頼している。実際遠方であるとともに、三春町は守山藩領ではないことも背景にあったのではないか。この件では、陣屋は江戸屋敷に指示を仰いで、辰右衛門の帰住を認める旨を帥継院に申し渡している。

このような被処罰者の赦免に寺院が動いている事例を、他の年代の「御用留帳」に求めてみると、享保十二年（一七二七）の「御用留帳」のうちに、

四月三日
一山田村助左衛門、我まゝ仕候付獄舎申付置候所、木村清雲寺度々訴詔ニ罷出候付、及相談出獄免許申付候事、

とあり、「獄舎」となっていた山田村助右衛門が、木村清雲寺の「度々訴詔」により「出獄免許」となったという。さらに、寛保《かんぽう》三年（一七四三）年の「御用留帳」には、

一八月十三日、雨降、
一同日　　　下行合村
　　　　　　　行合寺
　　　　　　同　役人

右、訴詔申出候者、又衛門親類共、拙寺へ相頼申候者、（中略）御赦免被成下様ニ御訴詔申上呉候様ニと、度々相

頼申候得者、檀家之儀難見捨候ニ付、御訴詔申上候、右又衛門手錠御免被成下候ハヽ、難有仕合奉存候由申出候
ニ付（後略）

と、下行合《しもゆきあい》村の行合《ぎょうごう》寺が、「手錠」処分を受けていた又右衛門に対し、「檀家之儀難見捨」として「御免」「訴詔」を行っている。この時は、陣屋から「訴詔無用」と挨拶され、十五日にも訴訟し、やはり「訴詔無用」と挨拶されたが、十七日・十九日・二十一日と訴訟し、二十七日に至って「度々訴詔ニ付御赦免」と、ついに赦免となっている。

このように、追放刑であった山田村の辰右衛門は自ら寺院を頼んでいるが、下行合村の又右衛門の場合のように、本人が拘束されている場合には、親類等の関係者が寺院に依頼したと思われる。いずれにせよ、被処罰者の赦免のための寺院による訴訟が、広く行われていたことが窺える。

おわりに

以上、享保十七年（一七三二）の「御用留帳」に載っている事例を中心に、その他の年代の「御用留帳」の事例も若干加えて、守山地方の「欠入」「入寺」についてみてきた。守山地方では、さまざまな理由により寺院へ駆け込み（欠入）、寺院が抱え置き（入寺）、寺院の訴訟によって赦免され（入寺御免）、当人・村役人・寺院による御礼、陣屋役人による訓戒、という一連の手続きが定められており、入寺が藩公認の法的手続き（処罰の代替措置）となっていたのである。すなわち、自発的な「欠入」を受けて、陣屋（藩）が処罰の代替措置として認めたのが「入寺」ということになる。

このように、「欠入」と「入寺」は厳密には区別されるべき性質のものであるが、現実には明確に区別されていな

い場合が多い。「欠入」は「入寺」となることを前提とした行為で、寺院と陣屋の間で引き渡しをめぐって対立するような重大な事犯の場合には、「欠入」と「入寺」の違いが表面化することがあるが、通常は「欠入」＝「入寺」として処理されていたといえるであろう。

ところで、前著では寺院への駆込行為（入寺）を、(1)謝罪・謹慎のための入寺、(2)処罰・制裁としての入寺、(3)救済・調停手段としての入寺、という三つの類型があることを指摘した。守山地方では、「欠入」は自発的になされたと思われるが、処罰の代替措置としての「入寺」を前提としたものであり、(2)の類型のうちに位置付けられる。「御用留帳」にみられる最も多い類型であり、阿部氏が詳細に検討を加えたのもこの面についてである。

「御用留帳」から拾える豊富な駆込の事例によって、阿部氏は守山藩を〝駈入り王国〟とされたのであるが、「入寺」を処罰の代替措置としていた藩、正式な処罰（法定刑）としていた藩は、守山藩以外にも広くみられたことは前著で解明したところである（前著、第三章2参照）。一方、(2)に比べると数は少ないが、守山地方においても(1)や(3)に含まれる事例も存在していることを本章では指摘した。すなわち、守山藩・守山地方のみが特別（駈入り王国）であったわけではないのである。

とはいえ、守山陣屋の「御用留帳」には、駆込の事例が豊富であることは間違いない。享保十七年の場合年間一四件であるが、文化期は九年間で九四件、文政期は一一年間で一〇〇件発生しており、年平均で約一〇件になるという（成松二〇〇六年、一七三〜一七四頁）。

しかも、結果だけが記された一紙類の史料とは異なり、事例の発生から解決まで、順を追って判明する場合が多いのである。守山地方という小地域を支配する陣屋で、地域・領民に密着したなかで綴られた記録である故といえようか。加えて、藩公認の法的手続きであるが故に、多くの詳細な記録が残されたということができよう。

第三章　上野国館林藩における入寺と寺訴訟

はじめに

本章では、上野国《こうずけ》館林《たてばやし》藩においてみられた入寺《にゅうじ》と寺訴訟についてみてゆく。館林藩は、天正《てんしょう》十八年（一五九〇）に榊原康政が入封して以降、榊原氏、大給《おぎゅう》松平氏、徳川氏、越智《おち》松平氏、太田氏、越智松平氏（再封）、井上氏、秋元氏と藩主家が交替し、秋元氏の時に明治維新を迎えた。

このように藩主の交替が頻繁であったが、その変遷を示せば表10のようになる。館林藩主であった徳川綱吉が五代将軍になると、藩主は子の徳松が継いだ。しかし、まもなく徳松が死去すると、館林藩は廃藩となり館林城は破却された。その後、宝永《ほうえい》四年（一七〇七）に至って、越智松平氏初代の松平清武によって館林藩が再興され、館林城も再建に着手された。太田氏の時代には、資晴が大坂城代に就任すると館林の所領は幕府預りとなり、館林城には城番が置かれたが、資晴没後に子の資俊が館林城主に戻った。越智松平氏は、武元が家督相続と同時に陸奥《むつ》国棚倉へ転封になったが、延享《えんきょう》三年（一七四六）に館林に再入封した。同氏の藩主期間は通算して一一〇年程になり、歴代の館林藩主家のなかで最長である。

表 10　館林藩主の変遷

家　　名	藩主名	在任期間	石　　高	備　　考
榊原	康政	天正 18（1590）～慶長 11（1606）	10 万石	
	康勝	慶長 11（1606）～元和元（1615）	10 万石	
	忠次	元和元（1615）～寛永 20（1643）	10～11万石	白河・姫路へ転封
※寛永 20 年～正保元年　館林城は城番が置かれる				
松平（大給）	乗寿	正保元（1644）～承応 3（1654）	6 万石	
	乗久	承応 3（1654）～寛文元（1661）	5.5 万石	佐倉・唐津へ転封
徳川	綱吉	寛文元（1661）～延宝 8（1680）	25 万石	5 代将軍となる
	徳松	延宝 8（1680）～天和 3（1683）	25 万石	
※天和 3 年～宝永 4 年　廃藩、館林城は廃城となる				
松平（越智）	清武	宝永 4（1707）～享保 9（1724）	2.4～5.4万石	
	武雅	享保 9（1724）～享保 13（1728）	5.4 万石	棚倉へ転封
太田	資晴	享保 13（1728）～享保 19（1734）	5 万石	大坂城代として転封
	※享保 19 年～元文 5 年 館林城は城番が置かれる			
	資俊	元文 5（1740）～延享 3（1746）	5 万石	掛川へ転封
松平（越智）	武元	延享 3（1746）～安永 8（1779）	5.4～6.1万石	
	武寛	安永 8（1779）～天明 4（1784）	6.1 万石	
	斉厚	天明 4（1784）～天保 7（1836）	6.1 万石	浜田へ転封
井上	正春	天保 7（1836）～弘化 2（1845）	6 万石	浜松へ転封
秋元	志朝	弘化 2（1845）～元治元（1864）	6 万石	
	礼朝	元治元（1864）～明治 2（1869）	6 万石	明治 2 年に知藩事

註『館林市史通史編 2　近世館林の歴史』（館林市、2016 年）より。

さて、前著では館林藩領分での入寺の事例として、巻末の一覧表に三点を掲示した。それらはいずれも火元《ひもと》入寺であり、文政《ぶんせい》十年（一八二七）の利根郡園原《そのはら》村（群馬県沼田市利根町）、嘉永《かえい》五年（一八五二）の邑楽《おうら》郡館林町（同県館林市）、安政《あんせい》三年（一八五六）の勢多郡深津《ふかづ》村（同県前橋市粕川《かすかわ》町）の事例である。しかし、表示したのみで本文中では言及しなかったが、その後館林藩に関わる新たな入寺関係史料も得られたので、ここに改めて検討を加えてみることにしたい。

1　出火と火元入寺

天保《てんぽう》二年（一八三一）四月四日、邑楽郡赤生田村《あこうだ》（館林市）で出火があり、火元の家一軒が焼失した。この時、赤生田村役人および同村永明寺から、次のような届書が提出された（館林市立図書館所蔵「福井家資料」No.7）。

（1）
乍恐以書付御届奉申上候

村高千四百廿六石五斗五升八合
惣家数三百壱軒
当御預所
赤生田村
百姓
与惣右衛門

一焼失家壱軒　梁間三間 桁行八間

右与惣右衛門儀者、高五石壱斗壱升八合所持仕、家内四人暮、農業出情仕罷有候所、昨四日昼飯仕度灰を取、肥支度湿シ置候処、火気残り有之候哉、昼七ツ半時頃哉燃立候ニ付、火事〳〵ト鳴を立候得者、隣家之者馳集り防候得共、燃上り出家ニ（ママ）及居宅焼失仕候処、外何ニ而も怪敷風聞無御座候、全手過之自火ニ而焼失仕候ニ相違無御座候、御高札・郷蔵別条無御座候得共、火之元之義ハ兼々厳敷被仰渡有之候処、右様及出火ニ候段奉恐入候間、右与惣右衛門義ハ当村永明寺江入寺、相慎罷有候、依之、麁絵図面相添、此段御届ヶ奉申上候、以上、

卯十月五日

当御預所
赤生田村
三　判

館林御預所
御役所

(2)

以書付御届奉申上候

一当村百性与惣右衛門、昨四日七ッ半時頃焼失仕候ニ付、奉恐入拙寺へ入寺仕候ニ付、旦家之義ニ候得者則抱置申候、御用之節者何時成共差出可申候、依之、右之段以書付御届奉申上候、以上、

十月五日

赤生田村
永明寺

館林御預所
御役所

(1)が村からの届書、(2)が寺院からの届書であり、宛所はともに「館林御預所御役所」となっている。この時の館林藩主は越智松平氏であるが、実は赤生田村をはじめ一七ヶ村は、文政八年（一八二五）に館林藩領から幕領に支配替えとなり、越智松平氏が転封になる天保七年（一八三六）まで館林藩の預所として扱われた。この間、同藩では「御預所役所」を設置して預所の支配に当たっていたのである。

さて、(1)の文面に「(火元の）与惣右衛門が当村永明寺へ入寺し、謹慎しています」とあり、永明寺からも「(火元が）拙寺へ入寺しましたので、檀家のことですので抱え置きました」と届出がなされた。すなわち、火元が入寺して

いること、入寺があった場合に村方三役および入寺先寺院から届出がなされたことが確認でき、村役人からの届書には「絵図面」が添付されていたことも記されている。

次に掲げるのは、時代は降って安政三年（一八五六）の事例であるが、前著で表示したうちのひとつである勢多郡深津村での火事である（勢多郡粕川村〈現前橋市粕川町〉深津「深津区有文書」〈群馬県立文書館蔵「群馬県史収集複製資料」〉）。

乍恐以書附御届ヶ奉申上候

深津村

一居宅壱軒　但堅七間三尺 横三間三尺　百姓 源太夫

外 木小屋壱軒　但堅四間 横弐間

外 灰小屋壱間　但堅九尺 横四尺　半焼

一居宅壱軒　但堅八間五尺 横四間弐尺　百姓 弥平治

外 灰家壱軒　但堅三間 横弐間

一木小屋壱軒　但堅四間 横弐間三尺　百姓 九右衛門

右源太夫儀、昨十九日之夜六ッ半時頃、灯挑之明ヲ以木小屋ニ而喰事拵仕、其儘吹消差置喰事仕候処、火気相残居候哉、右灯挑ゟ火起及出火ニ候ニ付、驚入隣家之者幷村役人一同立会、精々手配仕相防候得共、家込之事故手廻り兼、前書之者一同類焼仕候、尤、火元源太夫儀者菩提所西福寺江入寺仕、相慎罷有申候、右出火之次第、乍

恐此段以書附御届ヶ奉申上候、以上、

安政三丙辰年
四月廿日

深津村
百姓代　利喜右衛門
与頭　新右衛門
（名主）猪熊園右衛門

御代官様
御役所

この時の藩主は秋元氏であるが、深津村の村役人から代官役所宛に、右のような出火届書が提出されたのである。おそらく、西福寺からも届書が出されたものと思われるが、少なくとも村役人からの届書は赤生田村の場合と同様な書式であることが指摘できる（絵図については記されていないが）。

なお、深津村では、右の館林藩へ届け出た二日後の四月二十二日付で、「御出役御役人」すなわち関東取締出役宛に、同内容の書面を差し出している。これは、「怪敷火ニ而者無之哉之趣、再応御尋」があったために回答したもので、治安対策の面からであろうか、関東取締出役による取調べも併行していたことが知られる。また、もうひとつ前著で館林藩領の事例として掲げた文政十年（一八二七）の利根郡園原村の出火も「御出役御役人」宛（差出は寺院）の届書であり（利根郡白沢村〈現沼田市白沢町〉生枝《なまえ》「観音寺文書」〈群馬県立文書館蔵「群馬県史収集複製資料」〉）、深津村同様に関東取締出役の関与が指摘できる。

以上は村方の事例であるが、次に嘉永五年（一八五二）四月晦日、館林足利町で発生した火災に関して作成された火元入寺関係の史料をみてみよう（『館林の城下町と村』館林市史資料編4、No.210）。

(1)

以書付御届奉申上候

足利町
喜　助

右之者、昨晦日夜九ッ時頃、同人居宅二階ゟ出火仕、類焼之者も有之、奉恐入拙寺へ入寺仕、相慎罷在候間、此段以書付御届奉申上候、以上、

子五月朔日

鞘町
自　性　院

寺社
御役所

前書之通、相違無御座候ニ付奥印仕候、以上、

名主
奥沢虎五郎

(2)

乍恐以書付御届奉申上候

足利町
喜　助

右之者、昨晦日夜九ッ時頃、右喜助居宅二階ゟ出火仕、類焼之者も御座候而、奉恐入鞘町自性院江入寺仕、相慎罷在候間、御用之節ハ何時成共召連罷出可申出候、依之、此段以書付御届奉申上候、以上、

子五月朔日　　足利町名主　奥沢虎五郎

町
御役所

(3)

御尋ニ付以書付奉申上候

一昨晦日夜九ッ時頃、私居宅二階ゟ出火仕候始末、有躰可申上旨御尋御座候、此段、私義桶屋渡世仕、家内五人暮ニ御座候処、新宿村新兵衛悴留吉、当子拾六歳罷成候者、桶職為見習私江参り居、昨晦日夜四ッ時頃迄仕業為仕、相仕舞候節夜食給度由ニ而、二階下竈江焼火致候ニ付、兼而火之元義念入可申様申付置候処、同夜九ッ時頃出火仕候ニ付、驚入早速駆付消留可申与存候中、近所之者追々駆付、供々精々防呉候得共、最早家根上江燃移候而候間両隣家作及類焼、斯之仕合ニ相成候、尤、念入火湿し候与心得候得共、飛火ニ而も致候哉、出火仕候義ニ奉存候、外ニ疑敷義毛頭無御座候、火之元之義ハ兼而被仰出も有之候処、前書之始末ニ相成候段奉恐入、鞘町自性院江入寺仕、相慎罷在候、此段御尋ニ付有躰奉申上候、

右、御尋ニ付奉申上候通、少も相違無御座候、以上、

嘉永五子年五月朔日　　足利町火元　喜　助

町
御役所

前書喜助申上候趣、相違無御座候、火之元義ハ兼而被仰出も御座候処、右様之始末於私共奉恐入候、以上、

検断　青山四郎三郎
町年寄　宮杉新右衛門
名主　奥沢虎五郎

この火事が起こった嘉永五年当時の藩主は秋元氏であるが、この火事で町名主は、町奉行所に「（火元が）鞘町自性院へ入寺し、謹慎しています」という文言のある出火届（2）を提出した。自性院からも同じ文言のある届書（1）が差し出されており、これには町名主の奥書が付されている。そして、この火事の場合さらに、火元本人からも同文言を含む口書（3）が差し出されたことも知られる。日付はいずれも五月一日付である。町名主および寺院から届書が提出されている点は赤生田村の場合と同じであるが、(2)の文言は赤生田村や深津村に比べると簡略であり、(3)に出火の状況や消火の様子など詳細が記されている。(2)が簡略になっているのを(3)で補っている、あるいは(3)で詳しく述べているので(2)は簡略にした、ということであろうか。いずれにせよ、(3)で述べられている内容は、赤生田村や深津村の場合、村役人からの届書のなかに含まれているといえる。また、深津村と館林町の場合は同じ秋元氏藩主時代であり、右の事例のみで断定的なことはいえないが、町方と村方の場合の手続きの違いであろうか。

ところで、時代は遡るが、天保七年（一八三六）に越智松平氏が石見国浜田へ転封になり、井上氏が館林に入封するが、その際の引継書といえる「館林町方問合答書留」（『群馬県史』資料編16　No.39）のなかに、

一出火有之、類焼之もの有之節者、火元之者御咎被　仰付候哉、左候ハヽ、類焼之家数ニ寄、御咎日数多少御座候哉之事、

（朱書）
「町内出火有之節、火元之者菩提寺江致入寺候仕来ニ而、類焼不拘有無、日数十日相立候得者入寺差免申候、外ニ咎者いたし不申候、」

とある。つまり井上氏側の「出火があり、類焼の者があった時は、火元の者に御咎《おとが》めを申し付けるのか。そうであるならば、類焼の家数により御咎め日数に多少があるのか」という問い合わせに対し、越智松平氏側は「町内で出火があった時は、火元の者が菩提寺《ぼだいじ》へ「入寺」する仕来りであり、類焼の有無に拘わらず、十日過ぎたならば「入寺」を免除した」と回答している。すなわち、越智松平氏側は、火元に対しては入寺して罪を贖《あがな》う「仕来」＝慣行であったと述べており、同氏の時代には、入寺して謝罪すれば罪を贖えるということで、入寺が正式な処罰の代替措置となっていたといえる。そして、井上氏もそれを引き継ぎ、秋元氏の時代でも同様であったと思われる。右の問答では町方のこととして述べられているが、前述の赤生田村や深津村の事例から、村方でも同様であったといえるのであり、町・村での慣行としての「火元入寺」が、出火に対する処罰の代替措置として、交替した各藩主家に引き継がれていたものといえる。

2　寺訴訟とその規制

松平清武が藩主時代の享保三年（一七一八）に、館林藩では「館林騒動」と呼ばれる百姓一揆が起こった。一揆そのものについては『近世館林の歴史』（館林市史通史編2）を参照していただきたいが、領内百姓が年貢減免を求めて起こした一揆で、「館林騒動記」という記録が残されている。この「館林騒動記」のなかにみられる一揆と寺院の関わりを記した部分を、次に掲示してみよう（『館林双書第二九巻　館林騒動記』より）。

館林の五個寺訴訟之事

扨も昨日（享保四年四月）六日の朝手代二人が首斬られし儘に、自他領村々肝を潰し、今日は牢屋の大勢を拷問吟味ありとも云ひ、又は明日より五人、六人宛呼出し吟味なしに礫場《こいしば》にて首打たるるとも申つつ、世間取々の風聞有る故に、籠舎の有之村々にては居ても立ても居られればこそ、女子供は昼夜となく泣叫びての騒動なれば、心有る者共集り、此儘にては差置難し、左とて直訴は成り難く、兎やせん斯くやと評議の上、同七日集会し、①迚も此度の命乞は、平寺等の詫にては叶ふまじ、名高き寺も五個寺あれば、是を頼りにしくはなしと、其村々の寺院を先に立て、八日の未明に五個寺をぞ廻りけり、先浄土宗にて谷越町善導寺、真言宗にて新宿遍照寺、禅宗にて青柳村堀工茂林寺、土橋村善長寺、羽附村普済寺、以上五個寺をぞ頼ける、寺々即答えけるは、各心安き間柄に就き御頼無之共罷出べしと内々存ずる所、折柄の御頼尤至極也、明九日善導寺へ会合し、相談の上宜敷取計ふべしとありける故、皆々一先安心して宿所々々に帰りけり、（中略）②如斯五個寺各々名誉の寺々なれば、是を以て詫する時は、如何なる重き極悪人の命乞なり共不叶と云ふ事あるべからずと、村々心を休めけり、（中略）軈て松倉の玄関に平付く、伴僧即高声に物申さんと呼ける故、侍罷出で五個寺の口達聞届け、とく其旨を松倉伝兵衛へ取次ければ、伝兵衛聞て苦笑ひし、憎き坊主共が致方哉、譬へ我は武臣にて軽くとも、今度は殿の代官たり、然ば右近将監が玄関へ直付したる曲者也、斯る無礼の寺共に面談すべきいわれなしとて、使者を以て返答ありければ、各々折角御出の所に候得共、御用に付寸暇無之、御対面申す能はず、御大儀乍ら如此と、取ても付られぬ挨拶なれば、寺々案に相違して強てとも申入難く、空しく各々駕籠を返し、ひそひそとして立帰りしは、興の冷めたる次第なり、（中略）其内に其夜（四月十四日）寅の刻三人は首討れけり、是を聞く人愈々五人の僧達を恨まぬ者はなかりけり、（後略）

（傍線筆者、以下同じ）

この騒動では、三名の名主が一揆の頭取として処刑されたのであるが、藩に拘束された名主たちの身を案じた村々は、傍線部分①にあるように、この度の命乞いは普通の寺院の詫びでは実現しないと考え、いずれも朱印寺である善導寺・遍照寺《へんじょうじ》・茂林寺《もりんじ》・善長寺・普済寺《ふさいじ》の五ヶ寺に助命歎願を依頼した。五ヶ寺の承諾を得た村々は「五ヶ寺はそれぞれ名誉のある寺院であるから、これをもってお詫びをすればいかなる極悪人の命乞いであっても実現しないことはない」（傍線部分②）と心を休めたという。前著で明らかにしたように、寺院が依頼を受けて救済に当たること（寺訴訟）は、入寺の有無に拘わらず広くみられた寺院の機能であり、ここでもそれが期待されたのである。また、入寺の事案によっては、より寺格の高い「重き寺院」に頼ることがあった点も前著で指摘したが、館林騒動でも「平寺」では十分な効果は得られないとして、「名高き寺」「名誉の寺々」が求められたのであった。

結果的に、五ヶ寺による助命嘆願は藩によって拒否され、名主三名は処刑されてしまうのであるが、この一件に関し江戸藩邸では、館林表の役人に対し次のような指示を出した（京都大学法学部図書室所蔵「甲府支族松平家記録」一篇巻之四）。

申渡之覚

今度、其表ニおゐて重科の者共御仕置被　仰付候、依之、寺院御容赦之願無之様ニと先達而相触候処、其聞入茂無之、五ヶ寺を相頼度々御容赦之儀被申出候、前々よりも御仕置もの有之節ハ、寺院数度訴訟有之、其上罪之品軽重も不相知以前ニも、寺入あるひハ達而令容赦候様ニと被申出候、（中略）惣而寺院方容赦之訴訟差扣、向後不被申出候様ニ申達置候様ニと、被　仰出者也、

（享保四年）亥四月

右之通被　仰出候間、御領内之寺院方へ可被相触候、御朱印地之寺方江茂、右之趣可被申通候、以上、

河鰭七郎左衛門
松倉　伝兵衛
荒木内記
山名丹解
小澤頼母
尾関隼人

四月廿七日

竹内三左衛門殿
永井忠右衛門殿
安芸茂右衛門殿
遠山仙右衛門殿

このように江戸藩邸では、「「寺院御容赦之願」をしないように先達て触れたが、それを聞き入れず、五ヶ寺を頼み度々容赦を申し出た」と指摘し、「寺入などによる容赦願いを認めていては、統治の妨げになる」として、今後「寺院方容赦之訴訟」（寺訴訟）をしないように寺院へ触れることを命じたのである。入寺を含む寺院による赦免歎願は広く全国的にみられたが、館林藩領でも同様な寺訴訟が行なわれていたことが知られる。それとともに、藩側ではこれを規制する方針であったことが指摘できる。

延享四年（一七四七）に出された館林藩の寺社奉行申渡書（館林市史編さんセンター寄託史料）のうちの一ヶ条に、

一科人相かこひ幷宥免之願、寺社方より被　罷出候儀、堅停止被　仰出候、可被得其意候事、

とあり、入寺による犯罪者の「かこひ」＝庇護、寺院による「宥免之願」＝赦免歎願の禁止が申し渡されている。同

年は、越智松平氏が館林に再入封した直後であるが、寺訴訟を規制する方針が改めて表明されたものといえよう。

3　入寺の成立とその条件

次に、既にみた火元入寺以外の村における入寺の事例を紹介し、これを通じて入寺における住職（僧侶）の役割について考えてみたい。享和《きょうわ》三年（一八〇三）八月、赤生田村の常七とその一族は村方衆宛に、次のような詫証文《わびしょうもん》を差し出した（『館林の城下町と村』館林市史資料編4、No.221）。

一札之事

一当春、常七村方へ対し不調法之儀有之候ニ付、永明寺へ入寺仕り、各同意ニ而相済候処、此度常七違変之願書江連印致候段、全私共心得違、一言之申訳無御座候、依之、永明寺御隠居様江入寺致相詫候処、早速御承知被下忝存候、依之、一札差出し候処、仍而如件、

享和三年
亥八月

赤生田村
当人　常　七○
一家加判人　代　五　郎○
同　六左衛門○
（以下、一家加判人一四名略）

当村下
村方衆中

このような詫証文であるが、ここには二件の「入寺」について記されている。第一は、享和三年春に、常七が村方に対し「不調法」があったため、村内の永明寺へ「入寺」し、それで解決したという一件である。第二は、常七が「違変之願書」に連印したことで、常七と一家（一族）の人々が謝罪のため「永明寺御隠居様」へ「入寺」したという一件であり、この詫証文が作成される直接の原因となった事態と思われる。

第一の場合は、常七ひとりの「入寺」で済んだが、第二の場合には、常七ひとりでは済まないと判断されたのであろう、一家も「入寺」し、村方に対し謝罪したのである。常七の「不調法」についての具体的な言及はなく、「違変之願書」がどのようなものかも判然としないが、何か村政批判のような言動があったのであろうか。いずれにしても、館林藩領の村においても、火元入寺以外に謝罪の手段＝〈詫びの作法〉としての入寺があったことが知られる。

さて、右の詫証文について、以上の点を述べただけでは、〈詫びの作法〉としての入寺の事例を一つ加えたに過ぎない。この詫証文で最も注目したいのは、第一の場合には「永明寺へ入寺」とあり、第二の場合には「永明寺御隠居様江入寺」とあって、同じ永明寺ではあるが、後者には「御隠居様」とある点である。すなわち、当時の永明寺には「御隠居様」が居り、入寺を望む者を受け入れていたのである。この点は、入寺の性格を考えるうえで興味深い。

ところで、前著刊行後まもなく、井上攻氏の書評に接した（井上 二〇〇六年b）。そのなかで井上氏は、「入寺は寺社という聖域空間（場）に入り機能するのか、僧や神主という宗教者に庇護され機能するのか」と指摘された。前著では、無住の寺院の場合には入寺は成立しなかった事例をいくつか紹介し、「単に境内に駆け込めば入寺が成立するのではなく、…住職による受け入れ承諾があって、はじめて入寺として認められる」とし、たまたま住職が留守中で入寺を諦めた事例、住職が病気のため弟子が助命嘆願を取り次がなかった事例を挙げ、こうした場合も同様であったと述べた（四八〜五〇頁）。井上氏は、この点をさらに深める必要性、「入寺機能における宗教者個人の役割」の重要性を指摘されたわけである。

一方、菅野洋介氏は、前著に寄せて「「近世人」が入寺や入社の機能をもつ寺院や神社を、どのような場として認識していたのか」、「本書では入寺には僧侶が必要不可欠であり、無住においては成立しないと示された。また、「入社」文言にみられるように神社や神職のあり方、さらには修験の関与が重要視されている」とされ、当該期における宗教者の在り方、宗教者論の構築の必要性を提起されている（菅野 二〇〇七年）。井上氏の批評とも合わせて、宗教者個人のあり方・役割の重要性を指摘されたものと理解したい。

さらに、神田千里氏は、従来のアジールの研究は寺院という場に注目した〝場のアジール〟を考察したものであったとし、アジールの要素として駆け込む人と住持との人的結合、すなわち〝人のアジール〟を考察する必要性を述べている（神田 二〇一二年）。

これらの指摘を念頭に、右の赤生田村の入寺一件を振り返ると、第二の場合の「御隠居様江入寺」という文言からは、永明寺という「場」ではなく、「御隠居様」という「人」との関係がみえてくる。すなわち、「御隠居様」の受け入れ承諾があって、入寺が成立したといえるのである。とすれば、第一の場合に「永明寺へ入寺」とあるのも、同寺の住職による受け入れ承諾と捉えることができ、一般的に「〇〇寺へ入寺」などとあるのも、それは住職による受け入れ承諾を意味しているといえるのではないか。すなわち、入寺は寺院（の境内）という「場」への駆け込みが前提ではあるが、それで成立するのではなく、宗教者個人の受け入れ承諾によって成立するのであり、この点を明確に指摘できる点で、右の赤生田村の入寺一件は興味深い事例といえる。

おわりに

以上のように、館林藩領においても、村のなかでの紛争解決手段として、また火元の謝罪・謹慎の手段として「入寺」がみられた。これは、藩主家の交替に拘わらず、町や村の慣行として維持されていたのである。すなわち、歴代の藩主家もこれを否定せず、火元入寺は処罰の代替措置として引き継がれていたといえる。

一方、具体的には越智松平氏の時代になるが、藩側は犯罪者の庇護を禁止し、赦免歎願（寺訴訟）をも禁止するという方針を示している。ここに入寺・寺訴訟をめぐる寺院と藩と村社会との葛藤を指摘することができ、アジールの近世的に変容した姿が反映されている。

さらに、本章では赤生田村の入寺の事例から、入寺における住職（僧侶）の役割についても再考した。繰り返しになるが、入寺が成立するには、寺院という「場」への駆け込みが前提になるが、それを受けた住職による受け入れ承諾が必要であることを改めて確認した。第一部第三章において神社・神主方への駆込（「入社」）について検討したが、神社・神主方の場合も含めて、宗教者個人の受け入れ承諾によって「入寺」「入社」は成立したといえるのである。

＊本章は、館林市史編纂に携わるなかで得られた史料を利用している。史料の利用にご理解とご助力をいただいた市史編さんセンターのスタッフをはじめ、関係各位に感謝申し上げたい。

第四章　成田山新勝寺にみる寺訴訟と仲裁活動

はじめに

入寺《にゅうじ》が発生すると、寺院は当事者と領主・村等の間に入って、赦免あるいは告発中止のための交渉に当たった。また、縁切《えんき》りや争論の取り成し・仲裁、被拘束者・被処罰者の赦免嘆願等の訴願（寺訴訟）に携わったのであり、入寺を伴わない寺院の訴願活動も広く行われていた。そこで、本章では、下総《しもうさ》国の成田山新勝寺《しんしょうじ》を取り上げて、地域の問題解決に果たした寺院の役割を、寺院側に残された史料によってみておくことにしたい。具体的には、『成田山新勝寺史料集』（以下『史料集』という）第四巻を紐解きながら、そこに収録されている「新勝寺日記」（以下「日記」という）から新勝寺が関与した寺訴訟や仲裁活動の様相を明らかにしたい。

1　弘化三年「村内一条」

まずは、弘化《こうか》三年（一八四六）の「日記」から抽出した記事を掲げてみよう（『史料集』第四巻、一九四〜二一三頁）。

この「日記」は、当時新勝寺院代（副住職）であった塔頭《たっちゅう》延命院住職照嶽上人《しょうがくしょうにん》が記主である。また、記事中の「村内一条」とは成田村と隣村寺台《てらだい》村との宿場の中継権をめぐる争論をいい、本来の宿場である寺台村が成田村に稼ぎを奪われたとして佐倉藩に出訴した一件という（『史料集』第四巻「解説」参照）。

（弘化三年六月）

廿一日、天気吉、少シ不快ニ付法楽休△佐倉ゟ惣代七人名前ニ而、村内出入内済ニ相成申候段申越候、

（中略）

廿九日、雨天、折々晴ル△村内名主・小前出入内済ニ相成、扱人椿村平右衛門・佐倉三木や喜右衛門両人立入、今日小前一同帰村仕候、村内之者出迎ニ罷出候、七ツ、惣代七人只今帰村之旨立より申候、

（中略）

三十日、天気△佐倉三木や隠居・江戸屋惣兵衛・油屋佐右衛門三人罷出候、村内出入扱相済△村内惣代七人御礼ニ罷出候、

（八月）

四日、天気吉、雲ル△村内惣代之もの佐倉ゟ帰村仕、小前一同江示談之上、又々扱人江挨拶仕候旨、三木や喜右衛門、八ツ時罷出候、屋（矢）張リ村内一条ニ付罷越候、

（中略）

十六日、天気上吉△椿村平右衛門・大和田村問屋、村内一条ニ付扱ニ立入、院内江内証ニ罷出候、重郎兵衛・惣蔵両人案内仕候、

（十月）

廿三日、天気吉△昨夜役寺御触参リ、今朝吉岡江送リ申候△村内出入済口ニ相成申候ニ付、沙汰有之候、源蔵・
佐野半七参リ申候、
（十一月）
十九日、五ツ時頃ゟ雨、時々少シ雨ふル、九ツ時ゟ天気ニ相成△村内一条ニ付、三木屋悴・わたや浜右衛門・大
和田庄七郎、三人扱ニ罷越シ、院内江罷出示談仕候、
（中略）
廿日、天気吉△寒行開白仕候、不動法一座、地蔵之法一座ツヽ、出入扱人共罷出候ニ付、拙寺方ニて示談申聞候、
（中略）
廿四日、天気吉、院主佐城寒中見舞ニ出申候、殿様江榼甘献上、役僧神光寺△四ツ時、出入扱人ニ椿平右衛門・
大和田庄七郎両人罷越、拙寺江示談ニ付、村内惣代江談事、荒方済候ニ相成申候、
（中略）
廿九日、天気吉△村内出入之義ニ付、扱人椿平右衛門・大和田庄七郎罷越シ、面会仕候、
三十日、天気吉△村内出入一条ニ付、扱人并手代繁治郎三人立合ニ而示談仕候所、種々懸合違有之候ニ而、村内ゟ
金百両出金、院内ゟ金五十両、出入之損失分ハ当方ニ者承知仕候旨、重治郎様江申上候、右ニ付一先一同引取
申候、
（十二月）
六日、雪少々ふる、△今夜五ツ時分、佐倉万や金太郎・わたや徳蔵両人、桜井繁治郎様書面持参ニ而、村内出入
之一条ニ付参上、

七日、天気吉△今正六ッ時、中路頼助佐倉江遣シ申候、昨夜繁治郎様ゟ之返事口上書ニ而申遣候、出入内済金百両持参ニ而罷行候、

（中略）

九日、天気吉、（中略）△今夕五ッ時、佐倉ゟ頼助帰リ、村内一条之金子ハ桜井繁治郎様江預ケ一札持参仕候、先ッ一条も明日済口ニ相成申候様子、

（中略）

十六日、天気吉△追野隠居参上△昨日、村内一条役人惣代一同差越ニ付、今朝罷出、出入内済ニ相成申候、

（中略）

十七日、天気吉△七ッ時、村内惣代帰村仕候、

佐倉の藩庁で吟味が行なわれていたのであろうが、六月二十一日に惣代七名から内済《ないさい》になったとの報がもたらされた。そして、二十九日には「小前一同が帰村した」とあり、小前たちは新勝寺に逗留《とうりゅう》していたのであろうか。三十日には惣代七名が「御礼」にやって来たとあるが、八月になり、四日に村内惣代が佐倉より帰村したとあり、やや分りにくい展開となっている。

その後も、扱人《あつかいにん》らによる仲裁が継続されている様子がみられる。八月十六日には扱人二名が、「内証」でやって来ており、十一月十九日には三人の扱人がやって来て相談したという。同月二十日条にも「拙寺方ニて示談申聞候」とあり、同月二十四日条にも、扱人二名が新勝寺にやって来て相談し、新勝寺では村内惣代に話をするなど、新勝寺と扱人・村方との間で解決のための話し合いがなされている様子が知られるが、十一月三十日条によれば、解決金について「種々懸合違」があり揉めていたらしいことが窺え、このための仲裁が行なわれていたものと思われる。結局、

成田村で一〇〇両出金し、新勝寺からも五〇両負担することで、十二月九日条によれば明日には内済となる見通しが述べられているが、十六日にようやく内済となり、翌日村内惣代は帰村したとある。いずれにしても、「村内一条」と呼ばれるこの騒動の解決に、新勝寺が大きく関与していたことが分かる。

2 弘化四年「鎌三郎一条」

次は、弘化四年三月に、鎌三郎ら三名が出先で口論となり、鎌三郎が傷を負ったという傷害事件である。鎌三郎がどこの村の者か明記されていないが、このことは成田村の者であることを示すものであろうか。「日記」の関係記事を掲げれば次のようになる（『史料集』第四巻、二一三頁）。

（弘化四年三月）
十五日、天気吉、（中略）△八ツ時頃、島吉・伊之助・鎌三郎、八ツ辺江行、途中ニ而日暮、弥兵衛悴両人理不尽ニ及口論ニ、鎌三郎疾所五ケ所受、右ニ付及懸合、其上佐倉万屋金兵衛迎ニ遣シ、夜通シ参リ申候、
十六日、曇天、八ツ半頃大風△鎌三郎一条ニ付、又左衛門・石田屋林太兵衛立入、懸合申居候、
（中略）
十九日、天気吉、風、七ツ時少シ時雨、夜五ッ前ゟ大風雨△昨日、鎌三郎一条ニ付、三木や隠居・万屋悴両人罷出、相手弥兵衛ゟ書付取事済申候、金山藤七も立入、昨日根岸様八ッ伐出役ニ付、内々ニ書付ヲ以御届申上候、右一条、藤七骨折申候ニ付、四ツ半頃ゟひしや江行、田楽ニ而地走（馳）いたし参候、（後略）

このように、十五日に起こった鎌三郎負傷事件は、十九日に相手から「書付」＝詫証文《わびしょうもん》を取り解決したが、この間、

立入人とともに新勝寺が、相手方との掛け合いなどに当たったのであろう。立入人のひとり金山藤七に対して、一件解決に尽力したとのことを労い、「ひしや」（菱屋）で田楽を馳走している。寺院側の配慮といえようか。

3 弘化四年「門訴一条」

同じ弘化四年に、「大野や市蔵・角ノ治兵衛」の両名が、門訴《もんそ》を実行した件で吟味《ぎんみ》を受けるという事態が起こっている（『史料集』第四巻、二二八〜二三〇頁）。この門訴は、1で述べた成田村と隣村寺台村との争論で、寺台村に有利な判決が出たため、成田村が藩主への直訴を企て、市蔵と治兵衛が実行役を担ったものという（『史料集』第四巻「解説」参照）。次に掲げる「日記」五月五・六日条によれば、「一昨年中」すなわち弘化二年十月に延命院に一〇〇人余が集結し、市蔵・治兵衛両名によって門訴が実行された。その後1のような事態を含みつつ、同四年五月三日に市蔵・治兵衛が入牢《じゅろう》となったのである。

（弘化四年五月）

三日、雨天、（中略）大野や市蔵・角ノ治兵衛両人、門訴一条ニ付入牢、

四日、曇天、（中略）夕七ツ時頃、佐倉役所郡方御奉行所青木安太夫様ゟ御差紙ニ付、明五日夕刻町宿迄罷出着届可致旨、御差紙相届申候、村役人差添、村役人中ニも右之筋有之旨、差紙壱通相届、弐通共石田や重左衛門持参いたし候、

五日、天気□（吉）、（中略）○九ツ時ゟ佐倉江罷出申候、七ツ時着届申上候、△去ル三日、名主武助手鎖ニ宿預ケ、大のや市蔵・治兵衛両人入牢、一昨年中門訴一条ニ付、此度御吟味ニ相成申候、

六日、雨天、△役所ゟ九ツ半頃御沙汰ニ付罷出申候、去ル巳年十月中、延命院ニ而大勢打寄、其場ゟ百人余も出訴いたし候ニ付、御尋ニ付一々申開仕候所、其頃ゟ他参留之所赦免ニ相成申候、追而裁許之節罷出可申旨被申候ニ而、帰村被申付候、

七日、曇天、時々雨△入牢之義ニ付、歎願書五通差出申候、

（中略）

八日、雲ル、（中略）昨日認申置候歎願書五通、宮下西右衛門方江差出申候

（中略）

十四日、八ツ半時ゟ雨天△四ツ時頃ゟ佐倉表江罷越、村内市蔵・治兵衛入牢病中町宿下歎願書持参仕候、休日ニ付明日差出申候積リニ而、内々御奉行様迄内見ニ入申上候所、市蔵忰茂兵衛、甚太寺江駈入候ニ付、同寺ゟ歎願差上筈故、先ツ見合、其跡ニ而差出シ可申旨御示談申、宿万（大）や迄帰リ、

（中略）

十六日、天気吉、市蔵・治兵衛両人歎願、甚太寺ゟ未タ役所江差出不申候由ニ付、三木や隠居ヲ以、御勘定頭小島善右衛門様江問合ニ遣申候、

（中略）

十七日、時雨△甚太寺ゟ歎願未タ差出不申候ニ付、休日なから当院歎願、宮下西右衛門殿迄差出申候、鎌蔵・重郎兵衛差添、宅江差出申候、

十八日、天気吉、八ツ時ゟ小雨△甚太寺ゟ歎願、今日役所江差出申、組合村ゟも壱通差出申候、当院分も忰共惣代七人ゟ之歎願相添、三通宮下ゟ差出申候所、皆々御預リニ相成申候、

（中略）

廿三日、雨天△御役所ゟ三木や隠居・江戸や両人江、罷出申候様申越候ニ付、罷出申候所、諸方之歎願御下ニ相成申候ニ付、早速御奉行様江罷出伺申上候所、医師養節ゟ差出申候様題（容体）書者、左程大病と申様ニも無之間、町宿迄も下ニ相成不申、御重役ゟ被申聞候由、扨々困入候得共、いたし方無之ニ付、夕刻佐倉出立、夜四ツ半頃帰寺仕候、

このように、五月三日に市蔵・治兵衛両名が入牢、四日に新勝寺（延命院）と村に佐倉から呼び出しがあり、五日に佐倉に出向き、六日に尋問を受けている。そして、八日条に、昨日認めた歎願書五通を藩の役人へ差し出したとあるので、前日七日条で歎願書五通を差し出したとあるのは、作成の誤記であろうか。いずれにせよ、両名の釈放ないしは減刑を求める歎願書が、新勝寺から藩に提出されたのである。さらに、十四日になると新勝寺は、両名の病気を理由とした「町宿下」の歎願書を持参して、佐倉に赴いている。この時、市蔵の忰が甚大寺へ入寺し、同寺から歎願書を提出する予定であることを聞き、新勝寺からはその後に差し出すことにしたという。被処罰者や被拘束者の関係者が、寺訴訟を求めて入寺することは各地でみられ（前著参照）、ここでもそうした入寺の在り方を確認できる。

ともあれ、甚大寺からの歎願書の提出が遅れ、十八日にようやく提出され、同日新勝寺からの歎願書も提出された。ところが、二十三日になり役所から呼び出しがあり、歎願書は返却された。その理由を奉行に伺うと、医師の容体書では左程の大病ではないとのことなので、「町宿下」は認められないとのことであった。新勝寺は『扨々困入候得共、いたし方無之ニ付」と、歎願がうまくいかなかったことに落胆している様子が窺えるが、寺院の心情が記されていて興味深いものがある。

4　嘉永七年「友蔵一件」

次の事例は「友蔵一件」と称され（友蔵は「友吉」ともある）、嘉永《かえい》七年（一八五四）に土屋村の友蔵が起こした傷害事件に関わる一件である（「日記帳」『史料集』第四巻、三二一～三二四頁）。この一件を記した「日記帳」は、*1*～*3*とは異なり、御《お》次之《つぎの》間《ま》勤務の寺侍武田源次郎らが記主である。

（嘉永七年五月）
十五日天気丑之日
（中略）
一土屋村石原文四郎登山、奥ニ而御茶出ス、友蔵壱件御咄シ有之候、
一土屋村新左衛門・紋右衛門登山、右同断、
（中略）
十八日天気辰之日
（中略）
一友蔵一件ニ付、土屋村石原文四郎へ六右衛門遣シ候処、先日之対談とハ相違シ、金五両差出シ候積リニ而候間、六右衛門を以遣シ候ハヽ、半金ゟ外ニハ決而差出シ不申様被申候間、院主ゟ、左候ハヽ、壱銭成共御苦労懸させましく様可申と、六右衛門以使ニ被遣候、早々立帰リ御前へ被出候事、
十九日天気巳之日

（中略）

一寺台村八郎兵衛・土屋村名主武兵衛五郎兵衛、同友蔵同道ニ而登山之事、奥ニ而右友蔵一件種々御噺有之候、帰ニ表ニ而御酒出ス、

廿日天気午之日

（中略）

一土屋村名主武兵衛、寺台村八郎兵衛方ゟ使登山、今日友吉一条取済之処、世話人佐倉へ罷越〃夫故延引、明日者日依悪く候間、廿二日ニ早朝取済之様被述候事、六右衛門取次、

廿一日天気、未之日夕六ツ過ゟ四ツ時頃迄大雨也、

（中略）

一土屋村友吉登山、叱入一札奥へ御□□□□（虫損）

廿二日雨天、申之日九ツ過ゟ天気、

（中略）

一土屋村新左衛門・紋右衛門両人広間迄登山、今日友蔵一件事済之由被申候、付而者世話人駒井野村伝兵衛ニ関戸村安治両人、伝兵衛ハ少々用ニ而佐倉表へ参り、関戸村安治ハ出府イタシ未帰候間、当山ゟ御役僧様壱人御立合ニ頼度様被申候事、源二郎取次、奥へ申上候へハ早速聞済、今日者役僧皆檀用ニ而留主也、仍而中通り壱人遣ス、上田伊三郎両人案内人として、山之作村庄右衛門宅へ参上、先へ遣ス書状者先日院主下書直シ遣シ候、左之通り、

差入申一札之事

嘉永四年亥十一月中、我等儀酒狂之上、貴殿忰綱蔵殿江手疵為負候、縁者従元意趣遺恨等無之、全熟酔致不計取昇及右之始末、無間も正気ニ相成、大驚き逃去候ニ付、早速村方実家并親類・組合江御断被成、御検使御願之上御出役被遊、右疵所御見分之上、医師江被仰付治療差加へ、追々御吟味中、詫人立入諸雑費・療治代差出シ一件内熟仕候処、其後綱蔵殿自(持)病之疝癪差発リ被相果候、其砌我等儀、当寅年迄出入四ヶ年之間致他行居候内、綱蔵殿儀死去仕候故承之候間、去丑年三年ハ正当迄為石上差菩薩仏閣礼ミ廻四国仕候得共、私実母壱人、及老年病身ニ相成候母捨置候段不覚之上ニ而、罪不遇之前段両条先非後悔仕候而、御赦被下度御尊慮ニ付、前々立入吒入申□(虫損)御頼ミ被下、貴殿江御勘弁之儀申入候処、早則(速)御聞済被下置候旨申聞、親類・組合之一同忝次第奉存候、然者綱蔵殿為菩提為追復料金弐拾両差出シ、尚又盆・彼岸等ハ廟参仕、貴殿恩義忘却仕間敷候、為後日詫一札差入申所如件、

土屋村
百姓　友　吉

年号
月日ニ而も御座候、
大かた山之作村
庄右衛門様ニ而も印すであろふ、

一石原文四郎登山、奥次之間迄、尤広間ゟ伊藤又兵衛かけ出、文四郎登山之由被申候間、御前江取次、院主今朝ゟ病気之由申て、かい(帰)せとの仰、文四郎参リ候間、此方ゟ何か別段御用ニ而御出ニ候哉□(虫損)聞と、文四郎何茂別段用事無之様被申候、友吉一件御礼ニ出候由被申、直様宜敷とばかりニ而帰リ候、

（中略）

廿三日天気酉之日

一土屋村友吉、同人親類新左衛門同道ニ而登山、尤昨日之御礼ニ参上之由被申候、源次郎取次、院主御逢無之候事、

（中略）

廿六日天気子之日

（中略）

一土屋村石原文四郎登山、院主御逢無之候、文四郎立腹之亭《(体カ)》ニ而帰ル、

関係記事は、嘉永七年五月十五日に、土屋村の石原文四郎、同村の新左衛門・紋右衛門が新勝寺に「登山」し、「奥」で「友蔵一件」の相談をしたことから始まっている。二十二日条に友吉（友蔵）の詫証文が載せられているが、これによれば一件は四年前に遡るという。四年以前の嘉永四年十一月に、友蔵は酒狂のうえ山之作村庄右衛門の忰綱蔵に手傷を負わせたのである。この時は、諸雑費・療治代を支払うことで示談が成立したが、その後綱蔵が持病の疝《せん》癪《しゃく》を起して死去したことを聞いた友蔵は、昨年まで仏閣拝礼の廻国《かいこく》をしていたという。しかし、老年・病身になった実母を捨て置けず、立入人を頼んで庄右衛門へ謝罪を申し入れたところ、承知してもらったとのことである。一旦内済になったが、被害者が死去したことで事態が変わったにも拘らず、友蔵は改めて謝罪をせずに姿を隠していたのであろうか。

この詫証文に記された内容を詰めるために、五月十五日からの協議がなされたのであろう。新勝寺の「奥」で院主（住職）を交えて話し合っている様子が知られる。十九日には、友蔵自身も登山し、「奥」で話し合いが持たれている。

友蔵は二十一日にも登山し、この時「詫入一札奥へ」とあるので、詫証文（下書）を持参したものと思われる。二十二日になって詫証文が庄右衛門方へ送られたようであるが、院主が下書を修正したことも記されている。友蔵が持参した下書に手を入れたのであろう。

また、「表」と「奥」を取り次いでいたのが、「次之間」に勤務する武田源次郎らであることも分かる。二十二日条に「土屋村新左衛門・紋右衛門両人広間迄登山」「広間ゟ伊藤又兵衛かけ出、文四郎登山之由被申候間、御前江取次」などとあるように、登山した関係者はまず「表」の「広間」に入り、源次郎らの取次で「奥」に入る、という手順が踏まれていたらしい。

なお、二十三日に友蔵が親類とともに御礼に参上した。これを源次郎が取り次いだが、院主は面会しなかったという。前日、土屋村文四郎が登山した際にも、院主は病気を理由に「かいせ（帰）」と言って会わなかったとある。文四郎は二十六日にも登山しているが、やはり院主に会えず、立腹した様子で帰ったとある。その事情は不明であるが、院主の意向により「奥」での面談を拒否されることもあったのである。

5　慶応三年　大山村風祭「不埒」一件

最後に、慶応《けいおう》三年（一八六七）に起こった大山《おおやま》村の風祭《かざまつり》での「不埒《ふらち》」一件をみてみよう（「勘定所日誌」『史料集』第四巻、三七〇頁）。「勘定所日誌」は、新勝寺の勘定所で記録されたものである。

（慶応三年八月）

一同六日、晴、大山村ニ而風祭致シ、不埒之義有之、御召捕相成取調へ中、尚又心得違之義有之候ニ付、小菅村

忠右衛門ゟ願出候間、東勝寺ニ早々被罷越歎願被致、事済相成、

このような簡単な記事であるが、大山村風祭での「不埒」の被逮捕者を取り調べ中、さらに「心得違《こころえちがい》」が発生したという一件で、小菅《こすげ》村の忠右衛門が当事者なのであろうか。忠右衛門から願い出たとあるのは、赦免を願い出たのであろう。東勝寺にやって来て歎願したところ、ことは解決したとのことである。なお、この時期新勝寺は住職が空席になっており、東勝寺等が新勝寺取締役となっていた（『史料集』第四巻「解説」参照）。したがって、右の東勝寺の行動は、新勝寺としての仲裁活動といえる。

おわりに

以上、五件の新勝寺が仲裁に当たった事例をみてきたが、その活動は同寺の所在する成田村はもちろん、同村以外の村々にも及んでいた。そして、*3*では新勝寺が、入牢中の門訴実行者両名に対する歎願書を佐倉藩に対して提出し、*1*の「村内一条」に際しても、新勝寺による藩への働きかけが想定され、これらは寺訴訟と位置付けられる。*1*では、示談金をめぐって縺《もつ》れが生じたようであり、その仲裁にも新勝寺が関与していた。*2*・*4*・*5*については藩に訴願した様子はみられず、新勝寺が当事者間を仲裁して解決した一件であり、厳密には寺訴訟には含まれないことになる。いずれにしても、新勝寺は寺訴訟を行なうとともに、寺訴訟以外にも地域における問題解決のために仲裁機能を発揮していたことが指摘できる。

ところで、こうした新勝寺による寺訴訟・仲裁活動に関して、小倉博氏が概括的に、地元成田村の檀家はもとより他村の人たちをも対象にしていたこと、小さな寺院にはできない機能を期待されていたこと、博奕等の過料銭を独自

に定めていたことなどを指摘している（小倉 二〇一八年、三四九〜三五〇頁）。一方、林保奈美氏が『史料集』第三・四巻のなかから、ここで取り上げた五件を含む二四件の事例を挙げ検討している（林 二〇一三）。林氏は、成田村との関係では、とりわけ村役人層が新勝寺の運営に貢献していたことが、寺側が赦免歎願に尽力する根拠になっていたとしている。そして、成田村以外の村々の赦免歎願に関わる背景には、周辺寺院との宗教活動上の結び付きがあったと、新勝寺のような広い信仰圏を持つ大寺院の赦免活動への関与の背景を指摘している。こうした検討をもとに林氏は、寺院の赦免歎願は中世以来のアジール性の流れを汲むものではなく、当該期の寺院と歎願依頼者の宗教的・社会的関係に根拠があるとしている。しかしながら、寺院による赦免歎願という行為の由来は中世以来のアジール性に求められるのであり、実際の赦免歎願は当然「当該期の寺院と歎願依頼者の宗教的・社会的関係」に基づいて行なわれた、というものではなかろうか。

なお、ここまで新勝寺による赦免歎願・仲裁活動と述べてきたが、活動の主体を厳密にみると、*1*・*2*・*3*は院代（副住職）、*4*は院主（住職）によるものであり、*5*は住職不在時の取締役寺院によっている。*5*は臨時の措置であるから、通常は院主・院代それぞれによって歎願・仲裁がなされていたといえる。いずれも新勝寺としての活動ではあるが、その主体は院主および院代であったのである。ここに、前章でも言及した宗教者としての「人」の役割を指摘できよう。

付論　松前藩における入寺と寺訴訟

前著では北は陸奥《むつ》国から南は薩摩《さつま》国・琉球にいたる入寺《にゅうじ》の事例を一覧表にして示したが、その後蝦夷地《えぞち》（北海道）における事例にも接したので、これを紹介しておきたい。

近世後期には二〇余の寺院があったという松前《まつまえ》城下に存在した寺院のひとつ法源寺によって残された記録である「法源寺公宗用記録」（『松前町史』史料編第一巻所収。以下、同書からの史料の引用に当たっては頁数のみを記す）によって、まずは火元《ひもと》入寺の事例を挙げてみよう（七九五頁）。

　乍恐以書附御届奉申上候

昨十四日夜五半時、博知石町ニ出火有之候処、同町元三郎借家拙寺檀家袋町廻り与兵衛火元ニ付、誠ニ恐入、同人始家内一同拙寺江駈込、相慎罷在申候間、何卒格別之御憐愍、御慈悲之御沙汰被仰付被成下置候様奉願上候、依之、此段御届奉申上候、以上、

　文久元年
酉十月十五日　　　　法源寺　印

寺社御奉行所

このように、文久元年（一八六八）十月十四日、松前城下博知《ばくち》石町《いしまち》の佐々木屋与兵衛が火元となった火事で、与兵

衛は法源寺へ「入寺」し、これを受けて同寺から寺社奉行宛に、右のような届書が出されたのである。おそらく松前藩において、火元に対する処罰またはその代替措置として「入寺」が規定されていたものと思われる。

次に、寺院による赦免歎願《しゃめんたんがん》の事例をみてみよう。文久《ぶんきゅう》四年三月には、安田八十八・下国東七郎・清水七右衛門・種市善太夫・戸沢久治の五名について、宗圓寺・龍雲院・寿養寺・法源寺の四ヶ寺から寺社奉行所に、次のような歎願書が差し出された（八〇六頁）。

（前略）右之者、先年不調法之儀有之、蒙御咎奉恐入深相慎罷在、前非後悔難渋仕居候、然処、今般重御法会御修行被為在候ニ付、（中略）格外之以御憐愍、同人義御慈悲御沙汰被仰付被下置候ハヽ、同人者勿論拙寺共一同、御仁徳之程難有仕合奉存候、何卒出格之以御慈恵、右願之通御執成之程、偏ニ奉歎願候、（後略）

このように、四ヶ寺から「重御法会」を理由とした赦免歎願がなされている。さらに同年六月にも、安田八十八・下国東七郎・清水七右衛門・戸沢久治の四名について、龍雲院・寿養寺・法源寺の三ヶ寺から寺社奉行所に、同様の歎願書が差し出されている（八〇八頁）。前著で、藩主家の法事などの際に実施される恩赦に、寺院の赦免歎願が位置付けられていた事例を紹介したが、松前藩においても同様であったといえる。

さらに、慶応《けいおう》四年（一八六八）の次のような歎願書もみられる（八四一頁）。

乍恐以書附奉歎願候

拙寺担（檀）家唐津町（内）

宇右衛門

右者、当四月中、小川彦十郎殿東仲町住居端立町健蔵一件御引合ニ付、御沙汰中町内御預被仰付、当人者勿論家内一同奉恐縮、相慎罷在申候、随而御沙汰中奉願上候茂重々恐多奉存候得共、何卒格別之以御憐愍、御慈悲之御

沙汰被成下置度、此段奉歎願候、以上、

慶応四年辰十月八日

法源寺

鑑　寺　春　功　印

寺社御奉行所

これは、法源寺が寺社奉行所に対し、「町内御預」となっている檀家《だんか》宇右衛門の赦免を願い出たもので、「入寺」があったとは記されていないが、寺院による赦免歎願の事例である。これも前著で触れたが、入寺を伴わない赦免歎願（寺訴訟）を示すものといえる。

さらに松前城下では、「法源寺公宗用記録」のうち明治二年（一八六九）の記事中から、次のような赦免歎願（寺訴訟）の諸事例を拾うことができる（記載は、歎願書提出年月日、差出→宛所、当人／嫌疑内容／処分、の順である）。

(a)明治二年正月三十日　法源寺→御裁判所
唐津内町《とうつないまち》伝吉／去辰年十一月中騒乱時に「心得違之義」あり／入牢《じゅろう》

(b)明治二年二月　法源寺→御裁判所
端立町《はたてまち》白銀屋元兵衛／「御門之銅」を不注意に購入／揚屋入

(c)明治二年三月二十六日　法源寺→御裁判所
新明町《しんめいちょう》　拙寺縁檀松前家旧藩池浦束／「不束之義」あり／揚屋入

(d)明治二年三月三十日　寿養寺代宗圓寺→御裁判所
拙寺担家小松前町近江屋久蔵母つや、他八名／「御不審之儀」あり／町人預、入牢

(e)明治二年四月一日　寿養寺代宗圓寺→御裁判所
　拙寺担家小松前町久蔵／母らに「御不審之儀」あり／　？
(f)明治二年四月二十一日　寿養寺鑑（監、以下同じ）寺宗圓寺→寺社御奉行所
　拙寺檀家川原町《かわはらまち》海野平蔵／「御不審之儀」あり／入牢
(g)明治二年四月二十二日　寿養寺鑑寺宗圓寺→寺社御奉行所
　拙寺檀家新岡要次郎／「御不審之儀」あり／入牢
(h)明治二年五月四日　法源寺鑑寺春功→寺社御奉行所
　拙寺縁旦端立町久蔵／「御不審之義」あり／揚屋《あがりや》
(i)明治二年五月十五日　法源寺鑑寺春功・寿養寺鑑寺宗圓寺→寺社御奉行所
　村山伝次郎／「御不審之儀」あり／揚屋
(j)明治二年五月二十五日　阿吽寺、他一〇ヶ寺→寺社御奉行所
　宗太郎・鉄五郎・藤一郎／　？　／「重御咎」を蒙《こうむ》る
(k)明治二年五月二十七日　法源寺鑑寺春功→寺社御奉行所
　拙寺旦家神明町佐吉悴藤五郎／「御不審之儀」あり／入牢
(l)明治二年八月十四日　法源寺監寺春功→法幢寺《ほうとうじ》御役寮
　拙寺末庵炭焼沢《すみやきざわ》村地蔵庵前看坊石門／「不調法之義」あり／御叱

(a)では「昨辰年十一月中騒乱之砌、心得違之義有之候ニ付、御沙汰中入牢被仰付」た伝吉に対し、法源寺の歎願書が出される前に、姉のなミから裁判所に対して赦免願いが出されている。「家族・親類・中間・町内よりも歎願書差

出、何れも御落掌ニ相成」と、家族等からの歎願書が受理されたので、「菩提所ゟ差出呉候様願出候ニ付、左之通歎願書差出候」と、要請を受けた菩提所の法源寺が歎願書を提出したのである。これを受けた裁判所は、「是ゟ町年寄奥印ニ而、鎮台江差上候趣申越候」と、町年寄の奥印を取って「鎮台」へ上げることを通知したとあり、赦免歎願の手続きが知られる。

(b)も元兵衛の親類等からの赦免歎願書の提出を受けて、法源寺が提出した歎願書であり、この事例では親類の歎願書に町代が連署し、町年寄が奥印を加えている。なお、親類のひとりとして歎願書に署名している端立町久蔵は、(h)では自らが「揚屋」の処分を受け、赦免歎願の対象となっている。

(c)では、池浦家の牌所《はいしょ》龍雲院・宝幢寺から歎願書が差し出され、神明町《しんめいまち》善兵衛からの要請で法源寺も嘆願書を提出したという事例である。

(d)は、近江屋久蔵の母・妻および娘三名が枝ヶ崎町工藤庄兵衛方に「御預」、忰嘉吉と召使三名が「入牢」を命じられたという一件で、親類の要請によって宗圓寺が歎願書を差し出したのである。この一件では、(e)にあるように、四月一日になって宗圓寺から再歎願書が提出されている。(e)では久蔵の名を挙げているが、同人の罪科が記されている訳ではなく、文面は(d)と同様、久蔵の母らの赦免歎願になっている。

以下、(f)・(g)・(h)・(i)・(k)とも、「御不審」すなわち何らかの嫌疑によって、「入牢」「揚屋」といった処分を受けたものと思われるが、他の事例も含めて「御不審」の具体的な内容はほとんど不明である。(f)に「其後、戦争後不図元役可相勤旨被仰付」とあり、(g)に「旧冬戦争之後、頻ニ賊徒共ゟ職業可相勤旨被申付」とあることから、箱館戦争に絡んで何らかの嫌疑を受けたものと推測される。(a)の「昨辰年十一月中騒乱」も箱館戦争を指すものであろう。

(j)は、宗太郎ら三名に対する歎願書で、阿吽寺《あうんじ》等一一ヶ寺が連名しており仰々しいが、これを龍雲院へ差し出したところ、「夫々調印之上、御差出之申合」であるから、この書面では進達できないとされたとの「風聞」があるとの記事がみえ、連名での歎願はしない申合せがあったことを窺わせる。三名の歎願対象者のうち宗太郎については（八八五頁）、

玉川屋宗太郎義、過日寺院一統ゟ歎願いたし置候処、未御覧ニ者不相成候得共、追々御手軽ニ相成、一命者別条無之哉ニ風聞も有之、畢竟御寺院様之御蔭御座候間、一先御礼ニ罷出候与申、玉川屋親類代又吉、今廿七日八ッ頃罷越候、

と、五月二十七日時点で歎願書は「未御覧ニ者不相成」、すなわち前述したように連名のためであろうか、寺社奉行所では受理していないという。ただし、宗太郎の一命に別条はないとの「風聞」もあり、これも「御寺院様之御蔭」と、同人の親類代又吉が謝礼にやって来たとのことである。

(1)は、法源寺末庵の炭焼沢村地蔵庵前看坊石門が、「住庵中、兼而一同帰俗罷在候処、不図不調法之義有之」のため、昨年（明治元年）九月に「従御上様蒙御叱」ったという件で、炭焼沢村の名主・年寄・百姓代から法幢寺になされた赦免歎願を受け、地蔵庵の本寺である法源寺が法幢寺に対して「其筋」への歎願を依頼したものである。この件では、炭焼沢村からの歎願書に「幸今般重御法会修行も被為在候ニ付、何卒格別之以御法慇、右石門長老御赦免ニ相成候様、御上様江御歎願被成下置度」とあり、藩主家の法会《ほうえ》を理由とした恩赦による赦免歎願の事例といえる。この直前の記事に、昨年十一月二十二日に津軽で逝去《せいきょ》した「お鋭様」の改葬に伴い、八月十二日に法幢寺において本葬を行なうよう命じられたとみえ、「重御法会」とは、「お鋭様」の本葬のことを指し、これによる恩赦を求めての歎願であろう。

こうして、幕末から明治初年に限られるが、蝦夷地の松前藩においても、火元入寺や寺訴訟が行なわれていたこと

が判明した。藩主家の法事に伴う恩赦の手続きに、寺院の赦免歎願が組み込まれている事例も確認できた。また、明治二年には多くの寺訴訟が発生しており、この背景には、箱館戦争に関わって何らかの嫌疑を受けた者が多発したことがあったものと推測される。

松前城下の入寺・寺訴訟については、既に佐々木馨氏が言及しており、「寺院が駆込み寺として機能し、庶民の救済の場と化していた」（佐々木 二〇〇九年、七八〜七九頁）とし、また城下寺院の支配の末端組織から民衆寺院へと性格を変えた側面を指摘している（同二〇〇七年、一六七〜一六八頁）。ただし、寺訴訟が民衆救済の機能を有したことはその通りであろうが、火元入寺は処罰あるいは処罰の代替措置であり、寺院による赦免歎願（寺訴訟）も訴願手続きの一環として定められていたのであって、藩の法体系のなかに位置付けられていた面も考慮しなければならないだろう。

結びにかえて

本書の冒頭で、江戸時代の入寺《にゅうじ》について、(1)謝罪・謹慎の意思表示としての入寺、(2)処罰・制裁としての入寺、(3)救済・調停手段としての入寺、という三点の機能・性格があったことを述べた。この三点と中世アジールとの関係性を、本書第一部での検討を踏まえてまとめれば、中世末・戦国期の寺院アジールの水脈が、(3)の機能として江戸時代に継承された。その一方で、戦国期の入寺には謝罪・謹慎、処罰的な性格も指摘できるのであり、領主側は入寺を(2)の機能として領主法のなかに取り込んでいった。そうしたなかで、村の制裁としても位置付けられていったといえるのであり、その背景として戦国期〜近世初頭にかけての村の寺院の成立に伴う入寺慣行の形成を指摘することができる。これが、内済《ないさい》制度と連動した(1)の入寺の形成へと連なってゆくのである。すなわち、前著で「村や町の慣行としての入寺を、藩の法体系のなかに組み込んだ」（七三頁）と述べた点は修正しなければならない。領主側が、アジールを否定する一方で、入寺を刑罰として位置付けるとともに、それと併行する形で村や町の入寺慣行が形成された、と現在では考えている。

このほか本書では、火元入寺に関わって村内限りでの処理が行われた事例を紹介し、処理手続きに伴う諸種の文書の作成過程を、史料学的な観点を加味して跡づけた（第二部第一章）。また、通常は「入寺」＝「欠入《かけいり》」として処理されていたが、「入寺」と「欠入」は厳密には区別されるべきものであり、自発的な「欠入」を受けて、領主側が処罰の代替措置として認めたのが「入寺」である点を、陸奥国守山藩の場合から検証した（第二部第二章）。さらに、上野国館林《たてばやし》藩領では藩主家の頻繁な交替のなか、町や村の慣行として入寺が維持されていたことを明らかにした（第二部第三章）。そして、成田山新勝寺を取り上げて、寺院側の史料から寺訴訟や仲裁機能を垣間見た（第二部第四章）。

加えて、住職・神主といった宗教者個人の役割という観点から、入寺は寺院という「場」への駆け込んだだけでは成立せず、住職という「人」の受け入れ承諾があって成立すること、同様に神社という「場」への駆込の場合にも、神主という「人」の受け入れ承諾によって成立することを改めて確認した（第二部第三章・第四章、第一部第三章）。

さて、前著では入寺を処罰あるいは処罰の代替措置として定めていた藩が多数あったことを明らかにしたが、下野《しもつけ》国黒羽《くろばね》藩も処罰の代替措置として入寺を取り入れていた（井上 二〇〇六年a）。また、前著では罪人の赦免《しゃめん》手続きのなかに寺院による赦免歎願《たんがん》が規定されていた諸藩を取り上げたが、これに尼崎藩（本書第一部第三章）・松前藩（本書第二部付論）が加わるとともに、信濃《しなの》国松代《まつしろ》藩においても、次のような寺院による赦免歎願がみられたという（渡辺 二〇〇〇年）。すなわち、文化年間に発生した入会争論で手鎖《てじょう》・組預けの処分を受けた者に対する赦免歎願が、まず親類惣代らが寺院に対し赦免の取り成しを願い、それを受けて寺院が郡《こおり》奉行に赦免歎願書を提出するという手続きが取られていた。しかも、赦免歎願がなされる時点で、藩の判決は既に固まっており、当事者が寺院に縋《すが》るなど反省の意を示すのを待って、寛大な処置を下すという形をとるものであったという。

また、前著では四国大洲《おおず》藩の寛延《かんえん》三年（一七五〇）の百姓一揆の際の寺院による赦免歎願を紹介したが、同年には丸亀《まるがめ》・多度津《たどつ》両藩に跨《またが》る西讃《せいさん》地域で全藩一揆が起っている。この一揆の被処罰者赦免の歎願書が本山《もとやま》寺から出されるが、この際に本山寺から丸亀藩主菩提《ぼだい》寺の玄要寺を経て、藩（寺社奉行）に届けられるシステムであったといわれ（胡 一九九九年）、藩主家菩提寺による赦免歎願が制度化されていた。交代寄合《よりあい》喜連川《きつれがわ》氏の場合も、その菩提寺龍光院が喜連川氏への詫《わ》びと宥免《ゆうめん》の執り成しを行なっていたという（『喜連川町史』第六巻・通史編I、五八六頁）。

寺訴訟の規制という面では、本書第一部第三章で三河《みかわ》国吉田藩の場合を紹介し、第二部第四章で館林藩について検討したが、これらを前著で挙げた事例に追加できる。また、常陸《ひたち》国河内郡下妻庄黒子郷《しもつまのしょうくろご》の千妙寺に対する寛永《かんえい》二十年（一六四三）の条目に「寺中走入之者不及申、雖為縁類・知人、牢人不可抱置事」とあり、寺中への駆込人や牢人《ろうにん》の庇護《ひご》を禁じているのは、幕府のアジール規制を反映したものであろう。同寺では、延享《えんきょう》元年（一七四四）の同寺領「宗旨人別居屋敷改帳」に載せられた「掟」のなかに「他領之者、其身科有に依て当山江欠入候共、御条制之通り暫も不可打置候、役人・百性共早速立合見送り、門外江可出之事」とあり、科人《とがにん》が駆け込んでも、法規に則《のっと》り滞在させてはいけないと、「他領之者」の入寺を規制する条項が定められている（『関城町史』史料編I、一一二・四六三頁、高橋実氏のご教示による）。

また、前著では入寺の終焉《しゅうえん》に関わり、火元の入寺を不要とする明治三年（一八七〇）正月八日の上野《こうずけ》国岩鼻《いわはな》県の通達に触れたが（二四八頁）、信濃国高島県では、同四年正月に「此上出火候者入寺ニ不及、火元の者江役人差添、御役所江可申出候事」と、火元入寺の不要を通達している（青木 二〇一二年）。

なお、入寺の受入先として修験《しゅげん》寺院・修験者があったが、普化宗《ふけしゅう》（虚無僧《こむそう》）の場合についても保坂裕興氏によって検討が加えられている（保坂 二〇一二年）。また、福岡藩では虚無僧の常居する一朝軒に逃げ込めば逮捕を免れた、という聞き取り調査の報告がある（伊藤尾四郎 一九二三年）。大正年間になってからの聞き取りではあるが、虚無僧による入寺受入の事例であるとともに、前著では空白地域であった筑前《ちくぜん》国での入寺慣行の存在を窺わせる。

もう一例、火元入寺に関わって挙げておけば、文政《ぶんせい》八年（一八二五）に、豊後《ぶんご》国の「松平主殿頭御預所役人」が「豊後国村方出火之節取計方伺」を差し出している。すなわち、島原藩主松平氏の豊後国預地での村方出火の処理について、同地の役人から幕府勘定所に伺いが出されたことが知られる。伺いに対し勘定所は「(前略)壱町ゟ三町内ハ、同三十日《(日数)》相立候ハヽ、火元入寺差免、尤、入寺不致者ハ右日数押込申付(後略)」と回答しており、豊後国幕領(ここでは預所)でも、火元に対する処罰の代替措置として「入寺」が適用されたことが窺える(「類例秘録」一、松尾美恵子監修『学習院大学図書館所蔵　丹鶴城旧蔵幕府史料』第3巻、ゆまに書房、四一三〜四一四頁)。

このほか個別の入寺事例は、前著刊行後にも少なからず目にしており、それらを一々列挙することは避けるが、近世村社会における入寺の広がりを示して余りある。

以上、本書第一部では、主に中近世移行期においてアジールがいかに変容し、近世的な入寺機能が形成されたのかという点の解明を目的とした。第二部では、個別的な検討ではあるが、近世村社会における入寺の在り方について、その多様な側面を掘り下げることを意図した。これによって、前著で残した論点を多少なりとも深めることができたとすれば幸いである。

引用・参考文献

前著刊行以後の論著を【追加】とし、前著で掲載できなかった前著刊行以前の論著、および本書で引用した論著で【追加】に含まれない論著を【補遺・引用】とした。

【追加】

アレキサンダー・ヴィーシィ「近世森林管理と出入を介してみる寺院と村落の関係―高尾山薬王院文書を中心に―」（圭室文雄編『日本人の宗教と庶民信仰』吉川弘文館、二〇〇六年）

青木教司「近世寺院のアジール性について―信州筑摩郡金峰山牛伏寺への入寺事例―」（『信濃』六四―八、二〇一二年）

伊藤正敏著『無縁所の中世』（ちくま新書843、筑摩書房、二〇一〇年）

井上　攻「下野国黒羽藩下之庄における林野管理と入寺―「山方御用日記」の記載から―」（速水侑編『日本社会における仏と神』吉川弘文館、二〇〇六年ａ）

井上　攻「〔書評〕佐藤孝之著『駆込寺と村社会』」（『国史学』一九〇、二〇〇六年ｂ）

井上　攻「宿場の火災と火元入寺―神奈川宿を事例に―」（同著『近世社会の成熟と宿場世界』岩田書院、二〇〇八年）

小倉　博「近世の成田山と不動信仰の広がり」（『新編成田山史』二〇一八年）

落合　功著『地域形成と近世社会―兵農分離制下の村と町―』（岩田書院、二〇〇六年）

荻慎一郎著『近世鉱山を支えた人々』（日本史リブレット89、山川出版社、二〇一二年）

加藤信明「鳩ヶ谷の駆け込み寺」(『郷土はとがや—鳩ヶ谷郷土史会会報—』五八、二〇〇六年、のち同著『郷土鳩ヶ谷の歴史』和泉屋、二〇〇八年、所収)
神田千里著『宗教で読む戦国時代』(講談社選書メチエ459、講談社、二〇一〇年)
神田千里「中世の宗教的アジール」(高埜利彦・安田次郎編『新体系日本史15 宗教社会史』山川出版社、二〇一二年)
神田千里著『戦国と宗教』(岩波新書1619、岩波書店、二〇一六年)
菅野洋介「〔書評〕駆込寺と村社会」(『関東近世史研究』六三、二〇〇七年)
菅野洋介「近世中後期における在地寺社の秩序化と社会動向—紀州鷹場・開発の影響をめぐって—」(『関東近世史研究』六九、二〇一〇年)
菅野洋介「近世僧侶像と村社会—武蔵野新田小川村を例として—」(『駒沢史学』七六、二〇一一年)
坂田美咲「近世後期宿場社会の犯罪と内済—奥州郡山宿を事例に—」(『歴史』一一一、東北史学会、二〇〇八年)
佐々木馨著『北方伝説の誕生—歴史と民俗の接点—』(吉川弘文館、二〇〇七年)
佐々木馨著『北海道の宗教と信仰』(山川出版社、二〇〇九年)
佐藤孝之「江戸時代の入寺と「笹(篠)引」」(『本郷』六三、吉川弘文館、二〇〇六年a)
佐藤孝之「近世桐生の入寺」(『武尊通信』一〇六、群馬歴史民俗研究会、二〇〇六年b)
佐藤孝之「駆込寺と入寺」(『広報館林』九五二〈市史コラム41〉、二〇〇七年a)
佐藤孝之「入寺の成立とその条件」(『武尊通信』一一〇、二〇〇七年b)
佐藤孝之「暮らしの事件簿—村の紛争解決と駆込寺—」(同監修『よくわかる古文書教室』天野出版工房発行、吉川弘文館発売、二〇〇八年)
佐藤孝之「「山林」からさぐるアジールの変容—東海地域を中心として—」(広瀬良弘編『禅と地域社会』吉川弘文館、二〇〇九年a)

佐藤孝之「村の出火処理と火元入寺」(『近世史藁』四、近世村落史研究会、二〇〇九年b)
佐藤孝之「近世桐生領における駆込寺」(『桐生史苑』四九、桐生文化史談会、二〇一〇年)
佐藤孝之「奥州守山藩における「欠入」と「入寺」—「守山藩御用留帳」より—」(『近世史藁』五、二〇一一年a)
佐藤孝之「アジールの変容と駆込寺」(『信濃』六三—一、二〇一一年b)
佐藤孝之〔講演録〕「江戸時代の下総村々にみる駆込寺と入寺」(『成田市史研究』三五、成田市立図書館、二〇一一年c)
佐藤孝之「戦国期遠江・駿河におけるアジールの諸相」(『遠江』三四、浜松史蹟調査顕彰会、二〇一一年d)
佐藤孝之〔講演録〕「江戸の駆込寺—その機能と形成過程—」(『柳営』一四、柳営会、二〇一一年e)
佐藤孝之「「篠を引く」「篠引」の意味の変容」(東京大学史料編纂所編『日本史の森をゆく　史料が語るとっておきの42話』中公新書2299、中央公論新社、二〇一四年)
佐藤孝之「「田原藩日記」にみる駆込寺」(『崋山会報』三六、二〇一六年)
清水克行「「篠を引く」の起源と進化」(海老澤衷先生の還暦を祝う会編『懸樋抄　海老澤衷先生還暦記念論文集』同会、二〇〇八年)
高木　侃「願入寺は縁切寺だった!?—男僧寺院における縁切寺的機能一斑—」(『茨城県史研究』九五、二〇一一年)
高木　侃「修験寺への縁切り駆け込み—羽前国村山郡寒河江・最上院文書—」(『専修法学論集』一二二、二〇一四年)
谷口眞子著『武士道考—喧嘩・敵討・無礼討—』(角川叢書35、角川学芸出版、二〇〇七年)
中島　潔「〔新刊紹介〕佐藤孝之著『駆込寺と村社会』」(『群馬文化』二八八、二〇〇六年)
中野渡一耕「寺院の仲裁機能—罪人の減刑や免罪嘆願—」(「青森県史資料で見る八戸藩あれこれ」12、『デイリー東北』二〇一一年一〇月九日)
夏目琢史著『アジールの日本史』(同成社、二〇〇九年)
夏目琢史著『近世の地方寺院と地域社会—遠州井伊谷龍潭寺を中心に—』(同成社、二〇一五年)

夏目琢史著『文明・自然・アジール―女領主井伊直虎と遠江の歴史―』（同成社、二〇一六年a）
夏目琢史著『井伊直虎　女領主・山の民・悪党』（講談社現代新書2394、講談社、二〇一六年b）
成松佐恵子編『陣屋日記を読む　奥州守山藩』（雄山閣、二〇〇六年）
林保奈美「近世寺院による赦免歎願の社会的背景―近世後期成田山新勝寺の事例から―」（『千葉史学』六三、二〇一三年）
深谷克己「百姓命助の「寺入」について」（『図書』八一七、岩波書店、二〇一七年）
藤井茂樹「〔書評〕佐藤孝之著『駆込寺と村社会』」（『群馬歴史民俗』二八、二〇〇七年）
藤木久志著『土一揆と城の戦国を行く』（朝日選書808、朝日新聞社、二〇〇六年）
藤木久志著『戦う村の民俗を行く』（朝日選書843、朝日新聞出版、二〇〇八年）
保坂裕興「普化宗廃止と近世アジールの一特質」（高埜利彦・安田次郎編『新体系日本史15　宗教社会史』山川出版社、二〇一二年）
湯浅治久著『戦国仏教』（中公新書1983、中央公論新社、二〇〇九年）

【補遺・引用】
阿部善雄著『駈入り農民史』（日本歴史新書、至文堂、一九六五年）
阿部善雄著『目明し金十郎の生涯　江戸時代庶民生活の実像』（中公新書604、中央公論社、一九八一年）
阿部善雄「民衆駈入りの法的整合性」（立正大学史学会編『宗教社会史研究』Ⅱ、雄山閣出版、一九八五年）
網野善彦著『無縁・公界・楽―日本中世の自由と平和―』（平凡社選書58、平凡社、一九七八年）
有光友学「「由比氏文書集」の紹介―内閣文庫蔵「御感状之写幷書翰」上巻―」（『地方史静岡』一〇、一九八一年）
池田　寿「「逃散」「山入り」「篠を引く」に関する覚書」（皆川完一編『古代中世史料学研究』下巻、吉川弘文館、一九九八年）
和泉清司編『江戸幕府代官頭文書集成』（文献出版、一九九九年）
伊東多三郎「近世における政治権力と宗教的権威」（同著『国民生活史研究4　生活と宗教』吉川弘文館、一九六〇年、のち同著

『近世史の研究』第一冊、吉川弘文館、一九八一年、所収）
伊藤尾四郎「舊福岡藩事蹟談話会記事（承前）」第十五回（『筑紫史談』二九、一九二三年）
入間田宣夫「逃散の作法」（同著『百姓申状と起請文の世界』東京大学出版会、一九八六年、初出は豊田武先生古稀記念会編『日本中世の政治と文化』吉川弘文館、一九八〇年）
胡　光「長福寺から本山寺へ—伝統創造の時代近世」（『本山寺総合資料調査報告書』香川県教育委員会、一九九九年）
大石泰史「「山林」文言からみた延命寺文書—里見氏権力に関する一考察—」（千葉歴史学会編『中世東国の地域権力と社会』岩田書院、一九九六年）
巨島泰雄「村社会における寺院の一側面—金指近藤氏領内の「山林」・「御詫」について—」（『文芸引佐』三四、二〇〇三年）
勝俣鎮夫著『一揆』（岩波新書194、岩波書店、一九八二年）
黒田日出男「中世の開発と自然」（『一揆』4、東京大学出版会、一九八一年、のち同著『境界の中世・象徴の中世』東京大学出版会、一九八六年、に「「荒野」と「黒山」—中世の開発と自然—」と改題して所収）
斉藤利男「一揆の形成」（『一揆』2、東京大学出版会、一九八一年）
齋藤悦正「近世新田村における村落寺院—武蔵国小川村の場合—」（『史観』一四一、一九九九年）
佐藤孝之「近世の村と「入寺」「欠入」—駿遠豆の事例から—」（『地方史静岡』二三、一九九五年）
佐藤孝之「三河田原藩における入寺の諸相」(一)(二)（『武尊通信』九八・一〇〇、二〇〇四年）
菅原征子「桐生新町の仏教事情—文化・文政・天保期の名主の役目日記より—」（『国立歴史民俗博物館研究報告　在郷町の成立と展開—桐生新町の分析—』二〇〇二年）
曽根總雄編『黒羽藩　山方御用日記』壱（東海大学文学部日本史研究室内曽根研究室、二〇〇五年）
竹内信夫「鯖江藩・犯罪事件白書」（『別冊歴史読本　江戸諸藩怪奇ふしぎ事件帳』新人物往来社、一九九五年、のち新人物往来社編『江戸諸藩妖談奇譚手控え帖』と改題、新人物往来社、二〇一〇年）

田中久夫「戦国時代に於ける科人及び下人の社寺への走入」(『歴史地理』七六―二、一九四〇年)
千々和到「東大寺文書にみえる牛玉宝印」(『南都仏教』三九、一九七七年)
永村　眞「鎌倉期東大寺講衆集団の存立基盤―特に世親講衆を通して―」(『日本歴史』三六三、一九七八年)
平泉　澄著『中世に於ける社寺と社会との関係』(至文堂、一九二六年)
広瀬良弘「戦国期禅宗寺院と地域権力―住持の「出寺」の問題を中心に―」(所理喜夫編『戦国大名から将軍権力へ―転換期を歩く―』吉川弘文館、二〇〇〇年)
藤木久志著『戦国の作法―村の紛争解決―』(平凡社選書103、平凡社、一九八七年)
藤木久志「村の隠物・預物」(網野善彦他編『ことばの文化史』中世1、平凡社、一九八八年)
古城正佳「黒羽藩における刑罰」(『東海法学』三四、二〇〇五年)
本多隆成著『初期徳川氏の農村支配』(吉川弘文館、二〇〇六年)
峰岸純夫「「篠を引く」―室町・戦国時代の農民の逃散―」(永原慶二編『中世の発見』吉川弘文館、一九九三年)
森嘉兵衛「近世の寺入慣行」(同著『九戸地方史』上、九戸地方史刊行会、一九六九年、のち『森嘉兵衛著作集三　日本僻地の史的研究―九戸地方史―』上、法政大学出版局、一九八二年、所収)
盛本昌広著『松平家忠日記』角川書店、一九九九年)
山口　智「アジールと近世寺院」(『西村山地域史の研究』八、一九九〇年)
横田光雄「説教と寺社のアジール」(『国史学』一三一、一九八七年)
渡辺尚志「大名家文書の中の「村方文書」」(高木俊輔・渡辺浩一編『日本近世史料学研究―史料空間論への旅立―』(北海道大学図書刊行会、二〇〇〇年、のち渡辺尚志編『藩地域の構造と変容―信濃国松代藩地域の研究―』岩田書院、二〇〇五年、に補訂収録)

あとがき

速いもので、前著『駆込寺と村社会』を刊行してから十数年がたった。この間も、引き続き近世社会における「入寺」に関心を持ち、前著で論じきれなかった点などを追究してきた。その一方で、研究報告や講演などの場で、また書評等において、前著について種々貴重なご意見等を頂戴した。それらを十分に咀嚼し、本書に反映させることができたかどうかは甚だ心許ないが、本書はこうした十年余の成果を取り纏めたものである。

本書の各章と既発表稿・新稿との対応関係は次のようになる。

第一部

第一章　「アジールの変容と駆込寺」（『信濃』六三―一、二〇一一年）

第二章　「「山林」からさぐるアジールの変容―東海地域を中心として―」（広瀬良弘編『禅と地域社会』吉川弘文館、二〇〇九年）

「戦国期遠江・駿河におけるアジールの諸相」（『遠江』三四、浜松史蹟調査顕彰会、二〇一一年）

第三章　新稿

付論　「江戸時代の入寺と「笹（篠）引」」（『本郷』六三、二〇〇六年）

「「篠を引く」「篠引」の意味の変容」（東京大学史料編纂所編『日本史の森をゆく』中公新書、二〇一四年）

第二部

第一章　「村の出火処理と火元入寺」（『近世史藁』四、近世村落史研究会、二〇〇九年）

第二章　「奥州守山藩における「欠入」と「入寺」―「守山藩御用留帳」より―」（『近世史藁』五、二〇一一年）

第三章　新稿

「入寺の成立とその条件」（『武尊通信』一一〇、群馬歴史民俗研究会、二〇〇七年）

第四章　新稿

付論　新稿

本書に纏めるに当たり、既発表稿については、関係の深いものを統合するとともに、適宜加除を施して再構成した。また、第一部第三章は、神社史料研究会第十七回サマーセミナー（二〇一一年八月、於香取神宮〈千葉県香取市〉）での口頭報告がもとになっているが、それに西宮神社（兵庫県西宮市）の事例を加えた。第二部第三章は、『近世館林の歴史』（館林市史通史編2、二〇一六年）に概略を記したものを論考として纏め直し、『武尊通信』稿を加えて再構成したものである。第二部第四章は、成田市立図書館市史講座での講演がもとになっており、その概要は『成田市史研究』三五（二〇一一年）に講演録として掲載されているが、そのうち成田山新勝寺の寺訴訟に関する部分を新たに纏め直したものである。

＊　　　＊

さて、私事になるが、本年三月で三五年間勤めた東京大学史料編纂所を定年退職する。全体として寄せ集め的な内容であると自覚しつつも、現時点で本書を刊行したのは、退職を前に「入寺」関係の成果を纏めておこうと思い立ったからである。前著での繰り返しになるが、筆者が「入寺」に関心を持つきっかけになったのは、群馬歴史民俗研究会を中心とした奥多野歴史民俗調査団によって、一九八四年から三ヶ年にわたって実施された群馬県多野郡上野村および中里村・万場町（現多野郡神流町）での史料調査である。

実は一九八四年は、筆者が史料編纂所に〝入所〟した年である。偶然とはいえ、所員として経た歳月とほぼ同じ期間を、本務の傍ら一つのテーマとして「入寺」の研究に取り組んできたことになる。そうしたことも念頭をよぎり、〝出所〟に臨み前著以後の成果を纏めることで、一つの区切りにしたいとの思いがあった。

史料編纂所での三五年間――この間、所内外において、簡単には言い尽くせないほどのご指導・ご鞭撻をいただいた諸先生・先輩方、同輩や後輩の方々には、退職に当たり、この「あとがき」の場を借りて厚くお礼申し上げたい。そして、兼任講師として出講した武蔵大学・慶應義塾大学、現在出講している中央大学・國學院大學の学生・院生たちにも感謝したい。

なお、前著と同じく本書も吉川弘文館から刊行していただくことになり、前著を担当してくださった堤崇志氏には、今回も大変ご苦労をおかけした。末筆になったが、記して感謝申し上げる次第である。

二〇一九年二月　六十五回目の誕生日を前に

佐藤孝之

著者略歴
一九五四年　群馬県生まれ
一九七六年　國學院大學文学部史学科卒業
一九八一年　國學院大學大学院文学研究科博士課程満期退学
現在　東京大学史料編纂所教授

主要編著書
『近世前期の幕領支配と村落』（巖南堂書店、一九九三年）
『駆込寺と村社会』（吉川弘文館、二〇〇六年）
『近世の環境と開発』（共編、思文閣出版、二〇一〇年）
『近世山村地域史の研究』（吉川弘文館、二〇一三年）

近世駆込寺と紛争解決

二〇一九年（平成三十一）三月一日　第一刷発行

著者　佐《さ》藤《とう》孝《たか》之《ゆき》
発行者　吉川道郎
発行所　株式会社　吉川弘文館
郵便番号一一三―〇〇三三
東京都文京区本郷七丁目二番八号
電話〇三―三八一三―九一五一〈代〉
振込口座〇〇一〇〇―五―二四四番
http://www.yoshikawa-k.co.jp/

印刷＝株式会社 理想社
製本＝株式会社 ブックアート
装幀＝黒瀬章夫

ISBN978-4-642-03494-4

佐藤孝之著

駆込寺と村社会

三二〇〇円　四六判・三六〇頁

離婚を求める女性、喧嘩をした人…。江戸時代、人びとは救済や謝罪・謹慎のために寺院へ駆け込んだ。村の紛争解決システムだった駆け込みとはどのようなものか。領主法との関係にも触れ、村社会と寺院の役割を見直す。

近世山村地域史の研究

九〇〇〇円　A5判・三六〇頁

幕府の山林政策との相互関係や、地域内でのさまざまな利害対立の中で、近世山村はいかなる歴史的展開をみたのか。上州山中領を対象に、その支配の実相を解明し、林野利用の多彩な側面をもつ山村地域像を提示する。

佐藤孝之監修（佐藤孝之・実松幸男・宮原一郎著）

よくわかる古文書教室 江戸の暮らしとなりわい

二四〇〇円　A5判・二四〇頁

村では堤防の決壊に打ちひしがれる農民、町では祇園祭で大暴れの神輿担ぎなど、江戸時代に生きた人々の生活を、くずし字解読のヒントを手がかりに古文書三四点から読み解く。歴史がますます面白くなる古文書入門。